대전광역시

도시철도공사 공무직

일반상식

기출동형 모의고사

제 1 회	영 역	일반상식
	문항수	총 20문항
	시 간	20분
	비 고	객관식 4지선다형

SEOWONGAK
(주)서원각

제1회 기출동형 모의고사

1. 다음의 밑줄 친 단어의 의미와 동일하게 쓰인 것은?

> 기획재정부는 26일 OO센터에서 '2017년 지방재정협의회'를 열고 내년도 예산안 편성 방향과 지역 현안 사업을 논의했다. 이 자리에는 17개 광역자치단체 부단체장과 기재부 예산실장 등 500여 명이 참석해 2018년 예산안 편성 방향과 약 530건의 지역 현안 사업에 대한 협의를 진행했다.
>
> 기재부 예산실장은 "내년에 정부는 일자리 창출, 4차 산업혁명 대응, 저출산 극복, 양극화 완화 등 4대 핵심 분야에 예산을 집중적으로 투자할 계획이라며 이를 위해 신규 사업 관리 강화 등 10대 재정 운용 전략을 활용, 재정 투자의 효율성을 높여갈 것"이라고 밝혔다. 이어 각 지방자치단체에서도 정부의 예산 편성 방향에 부합하도록 사업을 신청해 달라고 요청했다.
>
> 기재부는 이날 논의한 지역 현안 사업이 각 부처의 검토를 <u>거쳐</u> 다음달 26일까지 기재부에 신청되면, 관계 기관의 협의를 거쳐 내년도 예산안에 반영한다.

① 학생들은 초등학교부터 중학교, 고등학교를 <u>거쳐</u> 대학에 입학하게 된다.

② 가장 어려운 문제를 해결했으니 이제 특별히 <u>거칠</u> 문제는 없다.

③ 이번 출장 때는 독일 베를린을 <u>거쳐</u> 오스트리아 빈을 다녀올 예정이다.

④ 오랜만에 뒷산에 올라 보니, 무성하게 자란 칡덩굴이 발에 <u>거친다.</u>

2. 다음 밑줄 친 부분과 가장 가까운 의미로 쓰인 것은?

> 저 멀리 연기를 뿜으며 앞서가는 기차의 <u>머리</u>가 보였다.

① 그는 우리 모임의 <u>머리</u> 노릇을 하고 있다.

② <u>머리</u>도 끝도 없이 일이 뒤죽박죽이 되었다.

③ 그는 테이블 <u>머리</u>에 놓인 책 한 권을 집어 들었다.

④ 주머니에 비죽이 술병이 <u>머리</u>를 내밀고 있었다.

3. 다음 중 빈칸에 공통으로 들어갈 말로 적절한 것은?

> • 관직에 (   ).
> • 산에 (   ).
> • 비행기에 (   ).
> • 이민 길에 (   ).

① 짜다

② 오르다

③ 돌려주다

④ 타다

4. 다음 문장들을 순서에 맞게 배열한 것은?

> ㈎ 우리는 곡선의 공간이 곧게 펴지는 것을 발전 혹은 개발이라고 표현한다.
> ㈏ 그러나 굽은 하천을 직선으로 펴는 하천 직강하가 이루어지자 작은 재해에도 심각한 피해가 발생하고, 신도시를 건설하자 기존 사람들은 소외되고 말았다.
> ㈐ 따라서 이제는 주름지고 접힌 공간의 의미를 찾아내고 복원하는 것에 관심을 기울여야 한다.

① ㈎ – ㈏ – ㈐

② ㈎ – ㈐ – ㈏

③ ㈏ – ㈎ – ㈐

④ ㈏ – ㈐ – ㈎

5. 다음 글을 읽고, 빈칸에 들어갈 내용으로 가장 적절한 것은?

_____ 구체적으로는 전자는 이 제도를 계층 간, 세대 간 소득 재분배의 수단으로 이용해야 한다고 주장한다. 소득이 적어 보험료를 적게 낸 사람에게 보험료를 많이 낸 사람과 비슷한 연금을 지급하고, 자녀 세대의 보험료로 부모 세대의 연금을 충당하는 것은 그러한 관점에서 이해될 수 있다. 하지만 후자는 이처럼 사회 구성원 일부에게 희생을 강요하는 소득 재분배는 물가 상승을 반영하여 연금의 실질 가치를 보장할 수 있을 때만 허용되어야 한다고 비판한다.

① 우리나라에서 공적 연금 제도는 긍정적인 효과를 가져온다.
② 우리나라에서 공적 연금 제도는 부정적인 효과를 가져온다.
③ 우리나라에서 공적 연금 제도의 목적은 나이가 많아 경제 활동을 못하게 되었을 때 일정 소득을 보장하여 경제적 안정을 도모하는 것이다.
④ 우리나라에서 공적 연금 제도를 운영하는 과정에는 사회적 연대를 중시하는 입장과 경제적 성과를 중시하는 입장이 부딪히고 있다.

6. 다음 중 광개토대왕의 업적에 해당하지 않는 것은?

① 내물왕의 요청으로 낙동강 유역에 군대를 보내 왜군을 격파하였다.
② 평양천도를 단행하여 고조선문화를 계승하였다.
③ 후연을 정벌하여 요동으로 진출하였다.
④ 숙신을 복속시켜 북쪽의 판도를 넓혔다.

7. 다음에 주어진 내용에 해당하는 성격의 토지는?

• 매매는 물론 세습이 가능하였다.
• 농민들이 소유하였으며 얼마 간의 세금을 내야 했다.

① 정전   ② 녹읍
③ 공음전   ④ 내장전

8. 다음을 통해 알 수 있는 단체의 기능으로 옳은 것은?

사군이충, 사친이효, 교우이신, 임전무퇴, 살생유택

① 계급 간의 갈등을 조정하고 완화시켰다.
② 귀족 연합의 성격을 반영하고 있다.
③ 왕권과 귀족세력을 조화시켰다.
④ 유학이 종교적·정치적으로 지배하게 되었다.

9. 다음 내용과 관련이 있는 유적은 무엇인가?

• 도굴당하지 않고 완전한 형태로 발굴되었다.
• 무덤의 주인공을 알려주는 지석이 발견되었다.
• 중국 남조의 영향을 받아 연꽃 등 우아하고 화려한 무늬를 새긴 벽돌로 무덤 내부를 쌓았다.

① 무령왕릉
② 강서대묘
③ 천마총
④ 장군총

10. 다음 내용과 관련 있는 1920년대의 민족운동단체는?

• 민족유일당운동
• 민족주의 진영과 사회주의 진영의 이념 초월
• 광주학생항일운동 조사단 파견

① 보안회
② 신간회
③ 독립협회
④ 헌정연구회

11. 재산 · 노동의 유무와 상관없이 모든 국민에게 개별적으로 무조건 지급하는 소득으로, 국민 모두에게 조건 없이 빈곤선 이상으로 살기에 충분한 월간 생계비를 지급하는 것을 의미하는 것은?

① 재난소득

② 기초연금

③ 기본소득

④ 사회수당

12. 코로나19의 지역사회 감염 확산을 막기 위해 사람들 사이의 거리를 유지하는 감염 통제 조치 혹은 캠페인을 의미하는 용어는?

① 생활 속 거리두기

② 사회적 거리두기

③ 공적 마스크 제도

④ 락다운 제도

13. 이것은 호주의 비영리단체 YGAP가 기획한 '아동학대 근절 캠페인'으로 다섯 개의 손가락 중 하나의 손가락에만 매니큐어를 바르는 것으로 표현된다. 이는 '전 세계 18세 미만의 아이들 및 청소년 5명 중 1명이 신체적, 성적 폭력에 고통 받고 있다'는 사실을 의미하는 것이다. 이것은 무엇인가?

① 미투 운동

② 아이스버킷챌린지

③ 스테이 스트롱

④ 폴리시드 맨

14. 그린러시(Green Rush)에 대한 설명으로 가장 알맞은 것은?

① 금광이 발견된 지역으로 사람들이 몰려드는 현상을 말한다.

② 반짝이는 기발한 아이디어와 창조적 사고의 전문직 종사자를 일컫는다.

③ 대마초가 합법화된 나라로 자금이나 사람이 몰려드는 현상이다.

④ 친환경 가치를 경쟁요소로 새로운 시장과 부가가치를 창출하는 사업이다.

15. '자연의 아름다운 경치를 몹시 사랑하고 즐기는 성벽'이라는 뜻으로 실제로 좋지 않은 습관을 가리킬 때 사용하는 말은?

① 당구풍월(堂狗風月)

② 호각지세(互角之勢)

③ 단순호치(丹脣皓齒)

④ 연하고질(煙霞痼疾)

16. 제4의 물질 상태라고 불리며, 초고온에서 전자(음전하)와 이온(양전하)으로 기체가 분리되는 상태를 말하는 것은?

① 콜로이드

② 쿼크

③ 플라즈마

④ 초전도

17. 수영장 끝에 다다랐을 경우 물속에서 앞으로 반을 돈 뒤, 벽면을 차고 나가는 턴을 일컫는 말은?

① 플립 턴

② 스핀 턴

③ 오픈 턴

④ 평영 턴

18. 다음에서 설명하고 있는 뮤지컬의 제목은 무엇인가?

> 아바(ABBA)의 음악을 바탕으로 만들어진 뮤지컬로, 지중해를 배경으로 미혼모 도나의 딸인 소피가 자신의 생부를 찾기 위해 어머니 일기장에 기록된 도나의 옛 연인인 세 명의 남자에게 청첩장을 보내는 것으로 시작된다. 그들이 모두 만나면서 회상과 감상에 젖으며 부르는 아바의 히트곡들이 곳곳에 녹아 있다.

① 오페라의 유령

② 맘마미아

③ 레미제라블

④ 그리스

19. 바이러스에 의한 팬데믹이 자주 발생하는 것이 인간이 자연환경에 일으킨 변화로 인한 것이라는 주장을 일컫는 말은?

① 팬데믹

② 에피데믹

③ 인포데믹

④ 에코데믹

20. 주가의 급등, 급락이 시장에 주는 충격을 완화시키기 위해 만든 제도는 무엇인가?

① 사이드카

② 투자경고종목

③ 서킷브레이커

④ 주식 VI 발동

대전광역시

도시철도공사 공무직

일반상식

기출동형 모의고사

제 2 회	영 역	일반상식
	문항수	총 20문항
	시 간	20분
	비 고	객관식 4지선다형

SEOWONGAK
(주)서원각

제2회 기출동형 모의고사

📝 문항수 : 20문항
⏱ 시 간 : 20분

1. 다음 밑줄 친 부분과 같은 의미로 쓰인 것은?

> 달리기를 하는데 고무줄이 끊어져서 체육복 바지가 흘러 버렸다.

① 물은 높은데서 낮은 데로 흐른다.
② 꽃이 만발한 화원에는 봄기운이 완연히 흐르고 있었다.
③ 땀 때문에 안경이 자꾸 흘러서 불편하다.
④ 자루가 새서 쌀이 다 흘러 버렸다.

2. 다음 글의 빈칸에 들어갈 내용으로 가장 적절한 것은?

> 자본주의 경제체제는 이익을 추구하는 인간의 욕구를 최대한 보장해 주고 있다. 기업 또한 이익 추구라는 목적에서 탄생하여, 생산의 주체로서 자본주의 체제의 핵심적 역할을 수행하고 있다. 곧, 이익은 기업가로 하여금 사업을 시작하게 된 동기가 된다. 이익에는 단기적으로 실현되는 이익과 장기간에 걸쳐 지속적으로 실현되는 이익이 있다. 기업이 장기적으로 존속, 성장하기 위해서는 _____
> 실제로 기업은 단기 이익의 극대화가 장기 이익의 극대화와 상충될 때에는 단기 이익을 과감하게 포기하기도 한다.

① 두 마리의 토끼를 다 잡으려는 생각으로 운영해야 한다.
② 당장의 이익보다 기업의 이미지를 생각해야 한다.
③ 단기 이익보다 장기 이익을 추구하는 것이 더 중요하다.
④ 장기 이익보다 단기 이익을 추구하는 것이 더 중요하다.

3. 다음 글의 역할에 대한 설명으로 옳은 것은?

> 자연은 인간 사이의 갈등을 이용하여 인간의 모든 소질을 계발하도록 한다. 사회의 질서는 이 갈등을 통해 이루어진다. 이 갈등은 인간의 반사회적 사회성 때문에 초래된다. 반사회적 사회성이란 한편으로는 사회를 분열시키려고 끊임없이 위협하고 반항하면서도, 다른 한편으로는 사회를 이루어 살려는 인간의 성향을 말한다. 이러한 성향은 분명 인간의 본성 가운데에 있다.

① 글의 논지와 주요 개념을 제시한다.
② 개념에 대해 구체적 예를 들어 설명한다.
③ 논지를 확대하고 심화한다.
④ 다른 주장과 비교하여 설명한다.

4. 다음 글을 읽고 빈칸에 들어갈 내용으로 가장 알맞은 것은?

> 사람의 귀는 _____ 하지만 사람의 청각 체계는 두 귀 사이 그리고 각 귀와 머리 측면 사이의 상호작용에 의한 단서들을 이용하여 음원의 위치를 알아낼 수 있다. 음원의 위치는 소리가 오는 수평·수직 방향과 음원까지의 거리를 이용하여 지각하는데, 그 정확도는 음원의 위치와 종류에 따라 다르며 개인차도 크다. 음원까지의 거리는 목소리 같은 익숙한 소리의 크기와 거리의 상관관계를 이용하여 추정한다.

① 약간 차이가 나는 소리가 들어와서 자기 앞에 공간감을 느낄 수 있다.
② 음원까지의 거리를 익숙한 소리의 크기와 거리의 상관관계를 이용하여 추정한다.
③ 고주파의 경우 소리가 진행하다가 머리에 막혀 왼쪽 귀에 잘 도달하지 않는다.
④ 주파수 분포를 감지하여 음원의 종류를 알아내지만, 음원의 위치를 알아낼 수 있는 직접적인 정보는 감지하지 못한다.

5. ㉠에 들어갈 말로 가장 적절한 것은?

우리 삶에서 운이 작용해서 결과가 달라지는 일은 흔하다. 그러나 외적으로 드러나는 행위에 초점을 맞추는 '의무 윤리'든 행위의 기반이 되는 성품에 초점을 맞추는 '덕의 윤리'든, 도덕의 문제를 다루는 철학자들은 도덕적 평가가 운에 따라 달라져서는 안 된다고 생각한다. 이들의 생각처럼 도덕적 평가는 스스로가 통제할 수 있는 것에 대해서만 이루어져야 한다. 왜냐하면 (㉠   ).

① 운에 따라 누구는 도덕적이게 되고 누구는 아니게 되는 일은 공평하지 않기 때문이다.

② 도덕적 운의 존재를 인정하는 것은 옳지 않기 때문이다.

③ 운이 작용하면 어떠한 문제라도 긍정적인 결과로 변하기 때문이다.

④ 운은 공평하지 않아서, 상식이 통하는 사회가 되어야 하기 때문이다.

6. 다음과 같은 역사 연구 방법론에 대한 설명으로 옳은 것은?

역사 연구의 임무는 생활 진전의 일반적인, 인간에 대한 보편적 법칙을 발견하는 데에도 있을 것이나, 또 민족의 구체적인 실상과 그 진전의 정세를 구체적으로 파악하여 역사로서 그것을 구성하는 데에도 있을 것이다. 따라서 그 연구의 도정에서도, 무슨 일반적인 법칙이나 공식만을 미리 가정하여 그것을 어떤 민족의 생활에 견강부회하는 방법을 취하여서는 안 된다.
– 이상백, 「조선문화사 연구 논고」 –

① 일제의 정체성론을 비판하였다.

② 양명학의 사상적 영향을 받았다.

③ 한국 역사학의 방향을 실증사학으로 전환시켰다.

④ 유물사관을 도입하였다.

7. 통일신라시대에 노동력과 생산 자원을 철저하게 파악하기 위하여 촌주가 3년마다 작성하였던 것은?

① 호적대장

② 토지대장

③ 공물대장

④ 민정문서

8. 다음 내용과 관계 깊은 것은?

고구려에서는 국가가 가난한 농민을 구제하기 위한 시책으로서 춘궁기에 곡식을 빌려 주었다가 추수한 뒤에 갚게 하였다.

① 진대법

② 의창

③ 상평창

④ 사창

9. 1974년에 발견된 세계 최초의 금속활자본은 어느 것인가?

① 직지심경

② 상정고금예문

③ 다라니경

④ 동국이상국집

10. 다음 표어와 관계있는 운동은?

내 살림 내 것으로, 조선 사람 조선 것으로, 우리는 우리 것으로 살자.

① 노동운동

② 농민운동

③ 물산장려운동

④ 위정척사운동

11. 정보와 전염병의 합성어로, 정보 확산으로 인한 부작용으로 추측이나 뜬소문이 덧붙여진 부정확한 정보가 인터넷이나 휴대전화를 통해 전염병처럼 빠르게 전파됨으로써 개인의 사생활 침해는 물론 경제, 정치, 안보 등에 치명적인 영향을 미치는 것을 의미하는 용어는?

① 정보전염병

② 네카시즘

③ 인포데믹스

④ 디지털 중독

12. 감염 질환 등을 막기 위해 감염자가 발생한 의료기관을 통째로 봉쇄하는 조치를 의미하는 용어로, 환자와 의료진 모두를 동일 집단으로 묶어 전원 격리해 감염병 확산 위험을 줄이는 방식은 무엇인가?

① 음압병상

② 팬데믹

③ 코호트 격리

④ 하이드록시클로로퀸

13. 다음 빈칸에 들어갈 말로 가장 알맞은 것은?

( )는 법률적으로 두 가지 수단이 있다. 하나는 최초의 매매계약을 할 때에 매도인이 ( )할 권리를 유보하고 그 목적물을 ( )할 수 있다고 약속하는 것이고, 다른 하나는 한 번 보통의 매매계약을 체결하고 나서 다시 매도인이 장래의 일정 기간 내에 매수인으로부터 매수할 수 있다고 예약을 하는 것이다.

① 전매(轉買)

② 환매(還買)

③ 판독(判讀)

④ 투기(投機)

14. 불확실하고 위험한 상황에서 용기를 내 먼저 도전하는 사람, 또는 사업으로 다른 이들에게 참여의 동기부여를 유발하는 선구자를 의미하는 말은 무엇인가?

① 체리피커

② 코요테 모멘트

③ 퍼스트펭귄

④ 블랙스완

15. 다음 빈 칸에 들어갈 알맞은 말로 가장 적절한 것은?

1738년 과학자 ( )가 발표한 ( ) 정리는 유체의 흐름이 빠른 곳의 압력은 느린 곳의 압력보다 작아진다는 이론으로 유체의 위치에너지와 운동에너지의 합이 항상 일정하다는 것을 밝혔다.

① 뉴턴

② 베르누이

③ 샤를

④ 토리첼리

16. 다음 중 고속도로 주행시 안전거리로 가장 알맞은 것은?

① 100km/h 주행 시 100m

② 110km/h 주행 시 80m

③ 120km/h 주행 시 90m

④ 120km/h 주행 시 100m

17. 1984년 LA올림픽에서 부상하기 시작한 마케팅 기법으로, 올림픽 경기에 공식적으로 후원은 하지 않으나 광고 문구에 올림픽과 관련한 마케팅을 하는 것을 가리키는 용어는?

① 게릴라 마케팅

② 바이럴 마케팅

③ MOT 마케팅

④ 엠부시 마케팅

18. 쇠와 피에 의해서 통일을 이뤄낼 수 있다는 철혈정책과 오스트리아 배척정책을 통해서 독일에 통일을 이뤄낸 정치가는 누구인가?

① 요아힘 가우크

② 빌리 브란트

③ 비스마르크

④ 헬무트 콜

19. 만6세 미만 청소년의 온라인 게임 중독을 막기 위한 심야 게임 규제로 맞는 것은?

① 강제적 셧다운제

② 인터넷실명제

③ 게임시간 선택제

④ 청소년보호법

20. 현재 유행하는 코로나 바이러스 중 알파 변이 바이러스보다 약 60% 정도 전염력이 더 뛰어난 것으로 알려져있는 델타 변이 바이러스는 어느 나라에서 시작되었는가?

① 영국

② 인도

③ 페루

④ 남아공

대전광역시

도시철도공사 공무직
일반상식
기출동형 모의고사

	영 역	일반상식
제 3 회	문항수	총 20문항
	시 간	20분
	비 고	객관식 4지선다형

SEOWONGAK
(주)서원각

1. 다음 중 제시된 문장의 빈칸에 들어갈 단어로 알맞은 것은?

- 폭설로 우리는 마을로부터 며칠째 (   )돼 있었다.
- 공장을 현지에 (   )하다.
- 1,207명의 입후보자가 (   )했다.

① 난립(亂立) – 고립(孤立) – 설립(設立)
② 설립(設立) – 난립(亂立) – 고립(孤立)
③ 설립(設立) – 고립(孤立) – 난립(亂立)
④ 고립(孤立) – 설립(設立) – 난립(亂立)

2. 다음 글의 밑줄 친 '보다'와 같은 의미의 '보다'가 쓰인 문장은 어느 것인가?

스스로를 '말 잘 듣는 착한 아이였다'고 말한 그녀는 ○○여대 ○○학과를 나와 K사에 입사했다. 의대에 가고 싶었지만 집안이 어려워 장학금을 받기 위해 성적보다 낮춰 대학에 지원했다. 맞선을 본 남편과 몇 달 만에 결혼했고 임신과 함께 직장을 그만두었다. 모교 약대에 입학한 건 아이가 세 살이 지나서였다.

① H 부부는 아이를 봐 줄 사람을 구하였다.
② 지금 나 좀 잠깐 볼 수 있는지 한 번 물어봐 줄래?
③ 그 노인의 사정을 보니 딱하게 되었다.
④ 수상한 사람을 보면 신고하시오.

3. 다음 내용에서 주장하고 있는 것은?

기본적으로 한국 사회는 본격적인 자본주의 시대로 접어들었고 그것은 소비사회, 그리고 사회 구성원들의 자기표현이 거대한 복제기술에 의존하는 대중문화 시대를 열었다. 현대인의 삶에서 대중매체의 중요성은 더욱 더 높아지고 있으며 따라서 이제 더 이상 대중문화를 무시하고 엘리트 문화지향성을 가진 교육을 하기는 힘든 시기에 접어들었다. 세계적인 음악가로 추대받고 있는 비틀즈도 영국 고등학교가 길러낸 음악가이다.

① 대중문화에 대한 검열이 필요하다.
② 한국에서 세계적인 음악가의 탄생을 위해 고등학교에서 음악 수업의 강화가 필요하다.
③ 한국 사회에서 대중문화를 인정하는 것은 중요하다.
④ 교양 있는 현대인의 배출을 위해 고전음악에 대한 교육이 필요하다.

4. 다음 제시된 글에 이어질 내용으로 알맞은 것은?

근대 초기의 합리론은 이성에 의한 확실한 지식만을 중시하여 미적 감수성의 문제를 거의 논외로 하였다. 미적 감수성은 이성과는 달리 어떤 원리도 없는 자의적인 것이어서 '세계의 신비'를 푸는 데 거의 기여하지 못한다고 여겼기 때문이다. 이러한 근대 포기의 합리론에 맞서 칸트는 미적 감수성을 '미감적 판단력'이라 부르면서, 이 또한 어떤 원리에 의거하여 결코 이성에 못지않은 위상과 가치를 지닌다는 주장을 펼친다. 이러한 작업에서 핵심 역할을 하는 것이 그의 취미 판단 이론이다.

① 미적 감수성에 대한 설명
② 공동체적 태도에 대한 설명
③ 실용적 맥락의 필요성에 대한 설명
④ 취미 판단에 대한 설명

5. 다음 빈칸에 들어갈 알맞은 단어는?

정부에서도 금연치료사업을 진행하면서 비용을 연간 총 3회까지 _____하고 있다.

① 거부
② 난색
③ 오해
④ 지원

6. 다음 내용을 토대로 한국사를 바르게 인식한 것에 해당하지 않는 것은?

한민족은 고대로부터 그 시대 나름의 국제관계를 가지고 개별적인 민족사를 전개해 왔다. 그러므로 한국사의 특수성을 이해하기 위해서는 세계사와 연관, 세계사적 보편성에 대한 관심과 이해가 필요하며 주변 국가와의 연관성도 고찰하여야 한다.

① 신라는 당과 연합하여 삼국통일을 이룩하였다.
② 고조선시대의 유적지에서 명도전이 발견되었다.
③ 광개토대왕은 북위의 왕이 의탁해 오자 제후로 삼았다.
④ 세종대왕은 한글을 창제하여 민족문화의 기반을 확고히 하였다.

7. 통일신라시대 귀족세력을 억누르고 국가의 토지지배권을 강화하기 위해 지급한 토지는?

| ㉠ 녹읍 | ㉡ 관료전 |
| ㉢ 정전 | ㉣ 식읍 |

① ㉠, ㉢
② ㉠, ㉣
③ ㉡, ㉢
④ ㉢, ㉣

8. 다음과 관련된 신분은?

• 신라 중대 : 전제왕권 강화에 기여
• 신라 하대 : 사회의 폐단 시정 노력
• 고려 초기 : 새 사회 건설의 방향 제시

① 성골
② 진골
③ 6두품
④ 5두품

9. 다음 내용과 관련이 깊은 불교 종파는?

• 보조국사 지눌
• 돈오점수
• 선종 중심의 교종 통합

① 천태종
② 조계종
③ 법상종
④ 화엄종

10. 다음과 관련이 있는 단체가 발행한 신문은?

• 서재필
• 독립문
• 만민공동회

① 한성순보
② 황성신문
③ 독립신문
④ 대한매일신보

11. 코로나 19의 확산으로 일상에 큰 변화가 닥치면서 생긴 우울감이나 무기력증을 의미하는 용어로, 코로나19와 우울감이 합쳐진 신조어는?

① 코로나 레드
② 코로나 블루
③ 사회적 거리두기
④ 불안장애

12. 다음 중 비말감염을 통해 전염되는 질환으로 볼 수 없는 것은?

① 코로나19
② 백일해
③ 메르스
④ 에이즈

13. 대한민국 임시정부 제2대 대통령, 독립운동가이자 역사학자 박은식이 '국어와 국사가 살아 있으면 그 나라는 망하지 않는다.'는 신념과 함께 저술한 책은 무엇인가?

① 동사강목

② 백록담

③ 화사집

④ 한국통사

14. 다음 중 9m를 나노미터로 바르게 변환한 것은?

① 9×10^{-9}

② 9×10^{-7}

③ 9×10^{-5}

④ 9×10^{-3}

15. 브레이크가 고장난 기차가 달리고 있다. 레일 위에는 다섯 명의 인부가 작업을 하고 있었는데, 기차가 이대로 달린다면 인부들은 모두 죽게 될 것이다. 이를 방지하기 위한 한 가지 방법이 있다면 레일 변환기를 사용하여 기차의 방향을 바꾸는 것뿐이다. 만약 레일을 바꾼다면 한 명의 인부만 죽게 된다. 이러한 상황에서 당신에게 어떠한 선택을 할 것인지를 물어보는 심리학 용어는 무엇인가?

① 트롤리 딜레마

② 죄수의 딜레마

③ 고슴도치 딜레마

④ 몬티 홀 딜레마

16. 가장 높은 시청률과 청취율을 유지하여 비싼 광고비를 지불해야 하는 방송 시간대를 일컫는 말은?

① 콜 타임

② 프라임 타임

③ 랩 타임

④ 퀵 타임

17. 미국 매사추세츠 공과대학(MIT) 미디어랩에서 무료로 제공한 컴퓨터 프로그래밍 도구로 동화, 게임, 애니메이션 등을 만들고 공유할 때 사용하는 것은?

① 자바

② 파이선

③ 스크래치

④ 리눅스

18. 다음 상황에 해당하는 용어로 가장 적절한 것은?

> A : 이번에 S전자에서 신제품 휴대폰이 나왔어! 출고가가 100만 원이래.
>
> B : 그래? 내 휴대폰은 재작년에 출시된 S전자 휴대폰으로 100만 원이었는데 너무 예쁘고 성능이 좋아!
>
> A : 그 제품은 세제품이 나오면서 50만 원으로 가격이 떨어졌더라.
>
> B : 내 휴대폰도 신제품만큼 멋진데, 처음 샀을 때보다 가격이 많이 떨어졌네.

① 서비타이제이션

② 리엔지니어링

③ 카니발리제이션

④ 서비사이징

19. 우리나라 2020년 주민등록인구가 사상 처음 감소했다. 출생자 수보다 사망자 수가 많아지는 현상을 일컫는 말은?

① 합계출산율

② 비례사망지수

③ 인구피라미드

④ 인구데드크로스

20. 아프가니스탄에서 2021년 8월 미군이 철수하면서 아프가니스탄을 장악한 조직은 어느 것인가?

① 알 카에다

② 탈레반

③ IS

④ 하마스

대전광역시

도시철도공사 공무직

일반상식

기출동형 모의고사

제 4 회	영 역	일반상식
	문항수	총 20문항
	시 간	20분
	비 고	객관식 4지선다형

SEOWONGAK
(주)서원각

제 4 회 기출동형 모의고사

1. 다음의 밑줄 친 단어와 의미상 쓰임새가 다른 것은?

> 전동차를 운행하던 기관사는 출입문 바깥쪽에 녹이 생긴 걸 알게 되었다.

① 선로 공사를 하다가 바닥 자갈 더미에 커다란 구멍이 생기게 되었다.

② 서울역 앞길에는 어제 밤 내린 눈으로 거대한 빙판길이 생겼다.

③ 지난주에는 2등에 당첨되었어도 큰돈이 생기지는 않았을 것이다.

④ 열차 한 대가 갑자기 정지하니 뒤따르던 다른 열차 운행 계획에도 차질이 생겼다.

2. 다음 문장들을 순서에 맞게 배열한 것은?

> (가) 그러나 오늘날 사정은 동일하지 않다.
> (나) 과거에는 간단한 읽기, 쓰기와 셈하기 능력만 갖추고 있으면 문맹상태를 벗어날 수 있었다.
> (다) 자동차 운전이나 컴퓨터 조작이 바야흐로 새 시대의 '문맹' 탈피 조건으로 부상하고 있다.

① (가) – (나) – (다)　　　② (가) – (다) – (나)
③ (나) – (가) – (다)　　　④ (나) – (다) – (가)

3. 빈칸에 들어갈 내용으로 가장 적절한 것은?

> 동물 권리 옹호론자들의 주장과는 달리, 동물과 인류의 거래는 적어도 현재까지는 크나큰 성공을 거두었다. 소, 돼지, 개, 고양이, 닭은 번성해 온 반면, 야생에 남은 그들의 조상은 소멸의 위기를 맞았다. 북미에 현재 남아 있는 늑대는 1만 마리에 불과하지만, 개는 5,000만 마리다. 이들 동물에게는 자율성의 상실이 큰 문제가 되지 않는 것처럼 보인다. 동물 권리 옹호론자들의 말에 따르면, ＿＿＿＿＿＿＿＿＿＿ 하지만 개의 행복은 인간에게 도움을 주는 수단 역할을 하는 데 있다. 이런 동물은 결코 자유나 해방을 원하지 않는다.

① 가축화는 인간이 강요한 것이 아니라 동물들이 선택한 것이다.

② 동물들이 야생성을 버림으로써 비로소 인간과 공생관계를 유지해 왔다.

③ 동물을 목적이 아니라 수단으로 다루는 것은 잘못된 일이다.

④ 동물들에게 자율성을 부여할 때 동물의 개체는 더 늘어날 수 있다.

4. 다음 글의 내용이 순서에 맞게 배열된 것은?

> (가) 이러한 개념을 소프트웨어에서도 도입하였다. 즉, 전체 소프트웨어를 최하부 단위(AND, OR, Loop 등)로 표현하기보다 상위의 단위로 구성하고 표현하면 설계, 제작, 유지보수 등이 훨씬 효과적으로 이루어질 수 있다. 멀티미디어의 사용이 증가하고 좀 더 직관적이고 편리한 사용자 인터페이스가 요구됨에 따라 소프트웨어가 갈수록 복잡하고 거대해지고 있다. 따라서 소프트웨어의 제작과 유지보수 등이 얼마나 효율적인가가 소프트웨어 발전의 주용한 관건이 되고 있다.
> (나) 자동차를 설계하거나 수리할 때 최하부 단위(예를 들면, 나사, 도선, 코일 등)의 수준에서 할 수도 있지만 그렇게 하면 일이 매우 복잡해지고 제작이나 수리도 어려워진다. 차 내부를 열어 보아도 어디서부터 어디까지가 시동장치인지 변속장치인지 알 수가 없게 온통 나사, 도선, 코일 등으로 가득 찬 경우를 상상해 보라.
> (다) 실제로 차 내부를 열어 보면 변속기, 시동창지, 냉가기 등으로 확실하게 구분되어 있는 것을 볼 수 있다. 이렇게 구분해주면 시동장치나 냉각기만을 전문으로 제작하는 회사가 생길 수 있고 차의 고장 진단이나 유지보수도 훨씬 쉬워질 것이다. 이처럼 시동장치, 변속기 등과 같은 것들은 나사, 도선, 코일 등과 같은 최하부에 일반적으로 사용되는 부품들과 달리 특정 목적을 수행할 수 있는 의미 있는 구성단위가 된다. 또한 이들 구성단위는 다시 모여서 엔진, 제동시스템과 같은 상위 구성단위의 일부가 될 수도 있다.

① (가) – (나) – (다)

② (나) – (다) – (가)

③ (나) – (가) – (다)

④ (다) – (나) – (가)

5. 다음 빈칸에 들어갈 접속사를 바르게 고른 것은?

조선왕조는 백성을 나라의 근본으로 존중하는 민본정치(民本政治)의 이념을 구현하는 데 목표를 두었다. 하지만 건국 초기 조선왕조의 최우선적인 관심은 역시 왕권의 강화였다. 조선왕조는 고려 시대에 왕권을 제약하고 있던 2품 이상 재상들의 합의기관인 도평의사사를 폐지하고, 대간들이 가지고 있던 모든 관리에 대한 임명동의권인 서경권을 약화시켜 5품 이하 관리의 임명에만 동의권을 갖도록 제한하였다. 이는 고려 말기 약화되었던 왕권을 강화하기 위한 조치였다.

(㉠) 조선의 이러한 왕권 강화 정책은 공권 강화에 집중되어 이루어졌다. 국왕은 관념적으로는 무제한의 권력을 갖지만 실제로는 인사권과 반역자를 다스리는 권한만을 행사할 수 있었다. 이는 권력 분산과 권력 견제를 위한 군신공치(君臣共治)의 이념에 기반한 결과라 할 수 있다. 국왕은 오늘날의 국무회의에 해당하는 어전회의를 열어 국사(國事)를 논의하였다. 어전회의는 매일 국왕이 편전에 나아가 의정부, 6조 그리고 국왕을 측근에서 보필하는 시종신(侍從臣)인 홍문관, 사간원, 사헌부, 예문관, 승정원 대신들과 만나 토의하고 정책을 결정하는 상참(常參), 매일 5명 이내의 6품 이상 문관과 4품 이상 무관을 관청별로 교대로 만나 정사를 논의하는 윤대(輪對), (㉡) 매달 여섯 차례 의정부 의정, 사간원, 사헌부, 홍문관의 고급관원과 전직대신들을 만나 정책 건의를 듣는 차대(次對) 등 여러 종류가 있었다.

국왕을 제외한 최고의 권력기관은 의정부였다. 이는 중국에 없는 조선 독자의 관청으로서 여기에는 정1품의 영의정, 좌의정, 우의정 등 세 정승이 있고, 그 밑에 종1품의 좌찬성과 우찬성 그리고 정2품의 좌참찬과 우참찬 등 7명의 재상이 있었다.

의정부 밑에 행정집행기관으로 정2품의 관청인 6조를 소속시켜 의정부가 모든 관원과 행정을 총괄하는 형식을 취했다. 6조(이·호·예·병·형·공조)에는 장관인 판서(정2품)를 비롯하여 참판(종2품), 참의(정3품), 정랑(정5품), 좌랑(정6품) 등의 관원이 있었다. 의정부 다음으로 위상이 높은 것은 종1품 관청인 의금부였는데, 의금부는 왕명에 의해서만 반역 죄인을 심문할 수 있어서 왕권을 유지하는 중요한 권력기구였다.

	㉠	㉡
①	그러나	그리고
②	그런데	그래서
③	그래서	그리고
④	게다가	그래도

6. 다음 중 고조선에 대한 설명으로 가장 타당한 것은?

① 고조선은 신석기문화를 기반으로 성립하였다.
② 단군이란 고조선 군영의 칭호로서 정치적 권위뿐만 아니라 종교적 권위도 아울러 가졌다.
③ 사회계층이 분화되지 못하여 노비는 존재하지 않았다.
④ 위만조선은 중국과 적대관계로 일관했던 만큼 문화적 독자성을 유지할 수 있었다.

7. 고려의 대몽항쟁에 대한 설명으로 옳지 않은 것은?

① 고려는 몽고와 연합관계를 한 번도 맺은 적이 없었다.
② 최씨 정권은 수도를 개경에서 강화도로 천도하였다.
③ 고려는 몽고의 침입으로 황룡사 9층탑이 불타는 등 많은 피해를 입었다.
④ 삼별초는 강화도에서 진도, 제주도로 옮기며 대몽항쟁을 하였다.

8. 고려시대 대외무역의 발달로 가장 번성했던 항구는?

① 울산
② 당항성
③ 부산포
④ 벽란도

9. 고려시대의 신분구조에서 농민, 상인, 수공업자는 어느 신분에 해당하는가?

① 귀족
② 중류층
③ 양인
④ 천민

10. 몽고 침입 때 부처의 힘으로 국난을 극복하고자 만든 것은?

① 다라니경

② 직지심경

③ 팔만대장경

④ 초조대장경

11. 2021년 1월 21일 김진욱 초대 처장의 취임과 함께 공식 출범한 고위공직자 및 그 가족의 비리를 중점적으로 수사·기소하는 독립기관을 의미하는 말은?

① 지급지시전달처

② 패스트 트랙

③ 검경 수사권 조정처

④ 고위공직자범죄수사처

12. 소비자가 매장에 들어가지 않고 차에 탄 채로 햄버거나 음료를 주문해 받을 수 있도록 고안된 방식으로 최근 코로나19 검사를 위하여 신속하고 안전한 검사시스템으로 시행하고 있는 것은?

① 워킹 스루 선별진료소

② 드라이브 스루 선별진료소

③ 워크 스루 선별진료소

④ 이동형 선별진료소

13. 다음에서 설명하고 있는 것은 무엇인가?

이것이 선언되면 베이스에 있던 주자 모두 다음 베이스로 자동 진루할 수 있다.
첫째, 투수가 투구와 관련된 동작을 일으킨 다음 그 투구를 중지했을 경우
둘째, 투수가 1루에 송구하는 흉내만 내고 실제로 송구하지 않았을 경우
셋째, 투수가 베이스에 송구하기 전 베이스가 있는 방향으로 발을 똑바로 내딛지 않았을 경우
넷째, 투수가 불필요하게 경기를 지연시켰을 경우 등

① 보크

② 번트

③ 리터치

④ 배터리

14. 부모와 결혼한 자식의 가족이 한집에 동거하지만 각기 독립적으로 생활하는 것을 가리키는 말은?

① 핵가족

② 수정핵가족

③ 프렌디

④ 헬리콥터 부모

15. '애빌린의 역설'에 대한 설명으로 옳은 것은?

① 집단 내 구성원들 모두가 자신이 원하지 않는 쪽의 결정에 동의하는 현상

② 실제로 일어날 가능성이 없는 일에 대해 수시로 생각하며 걱정하는 현상

③ 약을 올바로 처방했는데도 환자가 의심을 품어 약효가 나타나지 않는 현상

④ 사회적으로 존경받는 지위의 사람이 가면이 벗겨질지 모른다는 망상으로 괴로워하는 현상

16. 기업이 증권시장에 주식 상장을 하기 위해 하는 기업공개를 의미하는 용어로, 기업의 자사 주식과 경영 내역 등을 시장에 알리는 것을 뜻하는 것은?

① IB

② IPO

③ ROE

④ PER

17. 증권시장에 상장된 기업의 전체적 주가를 기준 시점과 비교하여 나타내는 지표를 무엇이라 하는가?

① 코스닥지수

② 코스피지수

③ 다우지수

④ 코스피200

18. 광고 카피라이팅 룰인 5I의 법칙에 해당하지 않는 것은?

① Independence

② Idea

③ Immediate Impact

④ Innocent Interest

19. 부동산과 관련하여 정부에서 한 지역의 투자를 규제하게 되면 비규제 지역의 집값이 거의 2~3배 이상으로 증가하는 현상을 말하는 것은?

① 핼러윈효과

② 풍선효과

③ 카페라떼효과

④ 앰비슈머

20. 공인인증서를 대신해 본인 확인 인증을 하기 위한 시스템을 말하는 것은?

① 민간전자서명

② 엑티브X

③ 아이핀

④ 블록체인

대전광역시

도시철도공사 공무직
일반상식

기출동형 모의고사

	영 역	일반상식
제 5 회	문항수	총 20문항
	시 간	20분
	비 고	객관식 4지선다형

SEOWONGAK
(주)서원각

제5회 기출동형 모의고사

1. 다음 문장들을 순서에 맞게 배열한 것은?

> (가) 그렇다면 기업들은 왜 다각화를 하는 것일까?
> (나) 기업이 다각화를 하는 이유에 대해서는 여러 가지 설명들이 제시되었는데 크게 보자면 주주들과 경영자들의 이익에서 그 이유를 찾는 설명들로 설명할 수 있다.
> (다) 우리는 흔히 한 기업이 무분별하게 다각화를 많이 전개하는 경우를 문어발식 확장이라고 비난한다.

① (가) - (나) - (다)

② (가) - (다) - (나)

③ (나) - (가) - (다)

④ (다) - (가) - (나)

2. 다음 글의 빈칸에 들어갈 내용으로 가장 적절한 것은?

> 어떠한 의미를 표현하고자 할 때에 마음대로 아무 음이나 사용해서는 안 된다. 그렇게 해서는 남이 알아듣지를 못한다. 언어란 우리의 사상 전달의 수단임에는 틀림없지만 이것이 언어로 인정받으려면 _____ 다른 사람들이 이해한다는 것은 결국 우리 주위에 있는 사회 일반이 공통적으로 인식한다는 것이다. 이러이러한 의미는 이러이러한 음성으로 표현하여야 한다는 사회적 제약을 받지 않으면 안 된다. 이는 언어가 본래 사회적 산물이며, 객관성이 있어야 하기 때문이다. 그러므로 언어는 도저히 주관적으로 좌우할 수 없다.

① 역사적 연마와 도야를 통하지 않으면 안 된다.

② 법령과 같이 시일을 정하여 공표해야 한다.

③ 세월이 지나도 모양이 변하지 않아야 한다.

④ 다른 사람들이 이해해 주지 않으면 안 된다.

3. 다음 글의 중심내용으로 가장 적절한 것은?

> 행랑채가 퇴락하여 지탱할 수 없게끔 된 것이 세 칸이었다. 나는 마지못하여 이를 모두 수리하였다. 그런데 그중의 두 칸은 앞서 장마에 비가 샌 지가 오래되었으나, 나는 그것을 알면서도 이럴까 저럴까 망설이다가 손을 대지 못했던 것이고, 나머지 한 칸은 비를 한 번 맞고 샜던 것이라 서둘러 기와를 갈았던 것이다. 이번에 수리하려고 본즉 비가 샌 지 오래된 것은 그 서까래, 추녀, 기둥, 들보가 모두 썩어서 못 쓰게 되었던 까닭으로 수리비가 엄청나게 들었고, 한 번밖에 비를 맞지 않았던 한 칸의 재목들은 완전하여 다시 쓸 수 있었던 까닭으로 그 비용이 많이 들지 않았다.
>
> 나는 이에 느낀 것이 있었다. 사람의 몸에 있어서도 마찬가지라는 사실을. 잘못을 알고서도 바로 고치지 않으면 곧 그 자신이 나쁘게 되는 것이 마치 나무가 썩어서 못 쓰게 되는 것과 같으며, 잘못을 알고 고치기를 꺼리지 않으면 해(害)를 받지 않고 다시 착한 사람이 될 수 있으니, 저 집의 재목처럼 말끔하게 다시 쓸 수 있는 것이다. 뿐만 아니라 나라의 정치도 이와 같다. 백성을 좀먹는 무리들을 내버려두었다가는 백성들이 도탄에 빠지고 나라가 위태롭게 된다. 그런 연후에 급히 바로 잡으려 하면 이미 썩어 버린 재목처럼 때는 늦은 것이다. 어찌 삼가지 않겠는가.

① 모든 일에 기초를 튼튼히 해야 한다.

② 청렴한 인재 선발을 통해 정치를 개혁해야 한다.

③ 잘못을 알게 되면 바로 고쳐 나가는 자세가 중요하다.

④ 훌륭한 위정자가 되기 위해서는 매사 삼가는 태도를 지녀야 한다.

4. 다음 글의 내용이 순서에 맞게 배열된 것은?

⑦ 정격선법과 짝을 이루는 변격선법의 이름은 정격선법 이름에 '히포'라는 접두어를 붙여 부른다. 예를 들면 도리아선법의 변격선법은 히포도리아선법이 된다. 각 변격선법은 상응하는 정격선법과 같은 종지음을 갖지만 그 음역은 종지음으로부터 아래로는 4도, 위로는 5도까지 펼쳐져 있다.

㈏ 서양음악의 기보는 오선지 위에 음표를 기재하는 방식으로 이루어진다. 오선지 상에서 동일한 음 간의 간격을 1도, 바로 인접한 음의 간격을 2도라 하고 8도 떨어진 음은 '옥타브 위의 음'이라고 한다.

㈐ 중세시대 성가들은 8개의 교회선법을 기초로 만들어졌다. 그 8개의 선법은 4개의 '정격선법'과 이와 짝을 이루는 4개의 '변격선법'으로 이루어져 있다. 4개의 정격선법에는 도리아, 프리지아, 리디아, 믹소리디아가 있고, 이들 선법은 서로 다른 하나의 '종지음'을 갖고 있다. '종지음'이라는 명칭의 유래는 어느 한 선법을 기초로 만들어진 성가는 반드시 그 선법의 종지음으로 끝난다는 특징에서 기인한다. 도리아―프리지아―리디아―믹소리디아 선법은 도리아 선법의 종지음인 '레'음에서 2도씩 순차적으로 높아지는 음을 종지음으로 갖는다. 각 정격선법은 그 종지음으로부터 옥타브 위까지의 8개 음으로 이루어지며, 이 8개의 음을 '음역'이라 한다.

㈑ 교회선법에는 종지음 외에 특별히 강조되는 음이 하나 더 있는데 이 음을 '중심음'이라고 한다. 원칙적으로는 정격선법의 중심음은 종지음으로부터 5도 위의 음이다. 다만 프리지아 선법에서처럼 종지음으로부터 5도 위의 음이 '시'음이 될 때에는 그 위의 '도'음이 중심음이 된다. 변격선법에서는 짝을 이루는 정격선법의 중심음으로부터 3도 아래의 음이 그 변격선법의 중심음이 되는데, 역시 이때도 3도 아래의 음이 '시'음일 경우는 바로 위의 '도'음이 중심음이 된다.

① ⑦ - ㈏ - ㈐ - ㈑
② ⑦ - ㈐ - ㈑ - ㈏
③ ㈏ - ㈐ - ㈑ - ⑦
④ ㈏ - ㈐ - ⑦ - ㈑

5. 다음 중 밑줄 친 단어를 교체할 수 있는 것은?

의사소통의 장애가 시민들의 낮은 정보해석능력 때문에 발생하고 그 결과 시민들의 정치 참여가 저조하다고 생각할 수 있다. 즉 정보해석능력이 향상되지 않으면 시민들의 정치 참여가 증가하지 않는다는 것이다. 다른 한편으로 정보해석능력이 향상되면 시민들의 정치 참여가 증가한다는 사실에는 의심이 여지가 없다. 그렇다면 정보해석능력과 시민들의 정치 참여는 양의 상관관계를 갖게 될 것이다. 그러나 지금까지의 연구에 따르면 정보해석능력과 정치 참여가 그런 상관관계를 갖고 있다는 증거를 발견하기 힘들다. 그 이유를 살펴보자. 먼저 교육 수준이 높을수록 시민들의 정보해석능력이 향상된다. 예를 들어 대학 교육에서는 다양한 전문적 정보와 지식을 이해하고 구사하는 훈련을 시켜주기 때문에 대학교육의 확대가 시민들의 정보해석능력의 향상을 가져다준다. 그런데 선거에 관한 국내외 연구를 보면, 시민들의 교육수준이 높아지지만 정치 참여는 증가하지 않는다는 것을 보여주는 경우들이 있다. 미국의 경우 2차 대전 이후 교육 수준이 지속적으로 향상되어 왔지만 투표율은 거의 높아지지 않았다. 우리나라에서도 지난 30여 년 동안 국민들의 평균 교육 <u>수준</u>은 매우 빠르게 향상되어 왔지만 투표율이 높아지지는 않았으며, 평균 교육 수준이 도시보다 낮은 농촌지역의 투표율이 오히려 높았다.

① 기량
② 시초
③ 단서
④ 정도

6. 고려시대의 행정기관과 그 역할이 바르게 연결된 것은?

① 중추원 - 군사기밀, 왕명출납
② 삼사 - 국정 전반에 걸친 중요사항 결정
③ 어사대 - 화폐와 곡식 출납, 회계
④ 도병마사 - 풍속의 교정, 관리의 비리 감찰

7. 다음 중 고려시대에 확립된 영농기술을 골라 묶은 것은?

> ㉠ 모내기법
> ㉡ 2모작
> ㉢ 2년 3작의 윤작법
> ㉣ 우경에 의한 깊이갈이

① ㉠, ㉡
② ㉠, ㉣
③ ㉡, ㉢
④ ㉢, ㉣

8. 다음의 사회시설기관의 기능은?

> • 의창
> • 제위보
> • 구제도감
> • 구급도감

① 빈민구제
② 고리대업
③ 의료기관
④ 물가조절

9. 다음에서 말하는 고려 후기의 사서는?

> • 불교사를 중심으로 고대의 설화나 야사를 수록
> • 단군을 민족의 시조로 보는 자주의식을 나타냄

① 삼국유사
② 동명왕편
③ 삼국사기
④ 7대실록

10. 다음 내용과 관련이 있는 조약은?

> • 통감부 설치
> • 외교권 박탈
> • 장지연의 시일야방성대곡(是日也方盛大哭)

① 톈진조약
② 을사조약
③ 간도협약
④ 제물포조약

11. 세계적으로 감염병이 대유행하는 상태를 의미하는 용어로 그리스어로는 '모두'와 '사람'의 합성어이다. 2020년 3월 WHO에서는 코로나19를 이것으로 규정하였다. 이것을 나타내는 것은?

① 포스트
② 팬데믹
③ 라이브
④ 셧다운

12. 코로나19에 따른 사회적 거리두기 강화로 집합금지 · 영업제한과 매출감소를 겪고 있는 소상공인들에게 지급되는 자금은 무엇인가?

① 새희망자금
② 재난지원금
③ 버팀목자금
④ 정책자금

13. 다음 중 그 연결이 바르지 못한 것은?

① 밀레 – 이삭줍기
② 하이든 – 놀람교향곡
③ 피카소 – 이비뇽의 처녀들
④ 오라토리오 – 천지창조

14. 다음에서 설명하는 '이 곡'은 무엇인가?

방탄소년단(BTS)의 멤버, 슈가의 음반이 미국 빌보드 앨범 차트에 올랐다. 한국의 솔로 가수 앨범으로는 최고의 기록이며, 사극을 닮은 뮤직비디오와 우리 고유의 음악을 활용한 멜로디에 세계의 관심이 집중되었다. '이 곡'은 조선시대 공식적인 행차에 따르는 행진 음악이다.

① 대취타(大吹打)
② 여민락(與民樂)
③ 수제천(壽齊天)
④ 종묘제례악(宗廟祭禮樂)

15. 무한책임사원 2인 이상으로만 구성되는 일원적 조직의 회사는?

① 합명회사
② 합자회사
③ 지주회사
④ 유한회사

16. 신문광고 요금을 이론적으로 비교하는 단위를 나타내는 척도로 신문매체의 광고가치를 발행한 부수와 비용 측면에서 경제적으로 평가할 때 이용하는 것을 일컫는 용어는?

① 프레임 레이트
② 비트 레이트
③ 타임 레이트
④ 밀라인 레이트

17. 다음 ㉠과 ㉡에 해당하는 알맞은 단어를 바르게 연결한 것은?

㉠은 ㉡은 온도의 눈금 간격은 동일하다. ㉠은 물의 어는점이 0도이나 ㉡은 273.15K이고 끓는점도 ㉠은 100도이지만 ㉡은 273.15K이다. ㉠은 물의 특이성을 이용하여 온도를 측정하는 반면 ㉡은 물질의 특이성에 의존하지 않는 특징이 있다.

	㉠	㉡
①	섭씨온도	절대온도
②	절대온도	화씨온도
③	화씨온도	절대온도
④	섭씨온도	임계온도

18. 다음에서 설명하는 주거 형태는 무엇인가?

1970년대 덴마크에서 처음 시작되었다.
개인 주거공간과 함께 공동체 생활까지 하는 공동체 시설을 갖추고 있는 협동 주거 형태이다.

① 셰어하우스
② 타운하우스
③ 코하우징
④ 펜트하우스

19. 2021년도 최저시급은 얼마인가?

① 8,590원
② 8,720원
③ 8,830원
④ 8,910원

20. 현실세계와 같은 사회·경제·문화 활동이 이루어지는 3차원 가상세계를 일컫는 말은?

① 샌드박스
② 증강현실
③ 가상현실
④ 메타버스

대전광역시

도시철도공사 공무직
일반상식

정답 및 해설

SEOWONGAK
(주)서원각

제1회 정답 및 해설

1 ①

제시된 지문은 공문서의 한 종류인 보도자료에 해당한다. 마지막 문단에 밑줄 친 '거쳐'의 앞뒤 문맥을 파악해 보면, 지방재정협의회에서 논의한 지역 현안 사업은 각 부처의 검토 단계를 밟은 뒤 기재부에 신청되고, 이후 관계 기관의 협의를 거쳐 내년도 예산안에 반영함을 알 수 있다. 즉, 밑줄 친 '거쳐'는 '어떤 과정이나 단계를 겪거나 밟다.'의 의미로 사용되었다. 보기 중 이와 동일한 의미로 쓰인 것은 ①이다.
② 마음에 거리끼거나 꺼리다.
③ 오가는 도중에 어디를 지나거나 들르다.
④ 무엇에 걸리거나 막히다.

2 ④

제시된 문장에서 '머리'는 사물의 앞이나 위를 비유적으로 이르는 말로 쓰였다.
① 단체의 우두머리
② 일의 시작이나 처음을 비유적으로 이르는 말
③ 한쪽 옆이나 가장자리

3 ②

• 관직에 오르다(=신분을 얻다).
• 산에 오르다(=위쪽으로 움직여 가다).
• 비행기에 오르다(=탈것에 타다).
• 이민 길에 오르다(=길을 떠나다).

4 ①

개발을 곡선에서 직선으로 피는 것으로 비유한 ㈎, 그 결과인 문제점 ㈏, 해결책 ㈐의 순서로 이어지는 것이 가장 적절하다.

5 ④

빈칸 뒤의 내용은 전자와 후자를 대조하여 설명하고 있으므로 빈칸은 이를 종합해줄 주제문이 와야 한다.

6 ②

② 평양천도는 장수왕 때의 사실이다.
※ 광개토대왕의 업적
   ㉠ 영락이라는 연호를 사용하였다.
   ㉡ 만주지방에 대한 대규모정복사업을 실시하였다.
   ㉢ 백제를 한강 이남까지 축출하였다.
   ㉣ 신라에 침입한 왜를 격퇴하여 한반도 남부까지 영향력을 미쳤다.
   ㉤ 대제국 건설의 기초를 마련한 시기이다.

7 ①

① 통일신라시대에 정남(16~60세)에게 지급된 토지인 정전(丁田)에 대한 내용이다. 이것은 신문왕 때에 녹읍을 폐지함으로써 귀족세력을 억압한 뒤에 실시된 토지급여이므로 촌주와 같은 중간 지배자의 세력을 막아 국가의 농민에 대한 일원적인 통치가 가능해졌다.

8 ①

제시된 내용은 6세기 신라 진흥왕 때에 원광법사가 화랑에게 내린 '세속오계'에 관한 것이다. 화랑은 신라의 대표적인 무사집단으로 그 구성원은 귀족에서 평민에 이르기까지 다양했기 때문에 계급 간의 갈등을 조정하는 역할을 담당하였다. 또한 풍류도를 조화시켜 산천을 주유하며 심신연마와 무예연마를 하여 진흥왕의 영토확장에 결정적인 기여를 하였고 이후 신라의 삼국통일의 중요한 기반이 되었다.
④ 유학은 조선시대에 와서야 종교적·정치적으로 활성화되었다.

9 ①

무령왕릉은 중국 남조의 영향을 받은 웅진시대의 벽돌무덤이다. 도굴당하지 않은 상태로 발굴되어 여러 가지 부장품이 출토되었으며, 백제 미술의 귀족적인 특성을 알 수 있는 대표적인 무덤이다.

10 ②

1927년 민족유일당운동에 의하여 민족주의 진영과 사회주의 진영이 이념을 초월하여 단일화된 민족운동을 추진하기 위해 결성되었다. 민족의 단결과 정치적·경제적 각성을 촉구하고 기회주의자를 배격하는 것을 기본강령으로 내세웠으며, 광주학생항일운동을 지원·조사단을 파견하고, 전국순회강연과 민족운동을 전개하였다.

11 ③

기본소득 … 재산·노동의 유무와 상관없이 모든 국민에게 개별적으로 무조건 지급하는 소득으로, 국민 모두에게 조건 없이 빈곤선 이상으로 살기에 충분한 월간 생계비를 지급하는 것이다. 중앙정부 차원에서는 핀란드가 전 세계 최초로 2017년 1월부터 2년간 시행한 바 있다.

기본소득이란 국가가 국민들에게 최소한의 인간다운 삶을 누리도록 조건 없이, 즉 노동 없이 지급하는 소득을 말한다. 즉, 재산의 많고 적음이나 근로 여부에 관계없이 모든 사회구성원에게 생활을 충분히 보장하는 수준의 소득을 무조건적으로 지급하는 것으로 무조건성·보편성·개별성을 특징으로 한다. 이는 토머스 모어의 소설 「유토피아」에서 처음 등장한 개념으로, 한 사회의 가치의 총합은 구성원들이 함께 누려야 한다는 데서 시작되었다.

기본소득의 재원은 투기 소득에 대한 중과세, 소득세 최고세율 인상, 법인세 인상, 토지세, 다국적 기업 공조 과세 등으로 마련하는 방안이 검토되고 있다. 기본소득을 도입할 경우 소득 불균형·내수 침체·일자리 감소 등을 완화할 수 있으나 재원 마련 등의 현실 가능성이 떨어지고 오히려 기존 복지체제를 위협할 수 있다는 우려와 포퓰리즘 논란이 있다. 즉, 복지에 비판적인 측으로부터는 극단적 사례로 일컬어지지만, 일부 국가에서는 기존 복지제도의 문제점을 보완하는 새로운 대안으로 부상하고 있다.

12 ②

사회적 거리두기 … 코로나19 확진자가 급증하면서 지역사회 감염 차단을 위해 실시된 정부의 권고 수칙으로, 많은 사람들이 모이는 행사 및 모임 참가 자제, 외출 자제, 재택근무 확대 등이 이에 해당한다. 2020년 6월 28일부터는 각종 거리두기의 명칭이 '사회적 거리두기'로 통일되고, 코로나19 유행의 심각성과 방역조치의 강도에 따라 현재 1~4단계로 구분돼 시행하고 있다.

13 ④

① **미투 운동** : 성폭행이나 성희롱을 여론의 힘을 결집하여 사회적으로 고발하는 것으로, 미국에서 시작되었다. 2017년 10월 할리우드 유명 영화제작자인 하비 와인스틴의 성추문을 폭로하고 비난하기 위해 소셜 미디어에 해시태그(#MeToo)를 다는 것으로 대중화되었다. 직장 및 사업체 내의 성폭행 및 성희롱을 SNS를 통해 입증하며 보편화되었다

② **아이스버킷챌린지** : 근위축성측삭경화증(ALS·루게릭병) 환자를 돕기 위한 릴레이 기부 캠페인으로, 2014년 시작돼 전 세계에 확산된 바 있다. 이는 참가를 원하는 사람이 얼음물을 뒤집어쓰는 동영상을 SNS에 올린 뒤 다음 도전자 세 명을 지목해 릴레이로 기부를 이어가는 방식으로 진행됐다.

③ **스테이 스트롱** : 코로나19 극복과 조기 종식을 응원하는 캠페인으로, 코로나19 극복 메시지가 적힌 팻말을 든 사진을 사회관계망서비스(SNS)에 올리고 다음 참여자 세 명을 지목하는 방식으로 이뤄진다.

14 ③

그린러시는 19세기 금광이 발견된 지역에 몰려드는 현상을 나타내는 단어인 골드러시에서 나온 단어이다. 금광으로 한몫 챙기기 위해 사람들이 갑자기 몰려든 것을 골드러시, 녹색성장 관련 산업으로 사람과 돈이 몰려드는 것이 그린러시이다.

① 골드러시에 대한 설명이다.

② 골드칼라에 대한 설명이다.

④ 그린오션에 대한 설명이다.

15 ④

① 무식한 사람이라도 유식한 사람과 같이 있으면 다소 유식해짐

② 쇠뿔의 양쪽이 서로 길이나 크기가 같다. 서로 비슷비슷한 위세

③ 붉은 입술과 하얀 이. 아름다운 여자를 비유

16 ③

① 용매와 용질이 완전히 혼합되어 단일상을 이루는 용액과 달리, 콜로이드 또는 콜로이드 분산은 크기가 1~1,000nm이고 불용성인 물질이 분산된 상태로 다른 물질과 섞여 있는 혼합물을 말한다.

② 입자물리학의 표준 모형(standard model)에 따르면 우리 우주를 구성하는 가장 근본적인 입자로서 강한 상호작용을 비롯하여 네 가지 근본적인 힘이 모두 작용하고 스핀이 $\frac{1}{2}$인 페르미온(fermion)이다.

③ 플라즈마란 초고온에서 음전하를 가진 전자와 양전하를 띤 이온으로 분리된 기체 상태를 말한다. 이때 전하 분리도가 상당히 높으면서도 전체적으로 음과 양의 전하 수가 같아서 중성을 띠게 된다.

④ 특정 온도 이하에서 물질의 전기저항과 내부 자속밀도가 0이 되는 현상을 초전도라 하며, 이러한 물질을 초전도체(superconductor)라고 한다.

17 ①

① 수영장 끝에 다다랐을 때 앞쪽으로 반 정도 돈 다음, 벽을 두 다리로 힘차게 밀어 다시 반대편을 향해 나아가는 턴이다.

② 터치하기 몇 스트로크 전 남은 거리를 계산한다. 선수는 그 수영장에 있는 특정물건(50m 끝에 있는)이나 풀 끝 5m 전 가로 질러 걸려 있는 배영표시 깃발을 참고로 한다. 터치는 15~20cm 깊이에서 이루어진다. 터치하는 팔은 운동량을 완충시키는 동시에 운동량이 Spin으로 변화시키는 역할을 한다. 몸은 바스켓 모양으로 구부러진다. 얼굴은 호흡을 하기 위해 물위로 올라온다. 엉덩이는 물속에 잠겨있고 허벅지는 무릎을 수직으로 들어올린다. 끌려오는 팔은 회전을 돕기 위해 물을 쓸어준다. 스핀의 중간지점에서 터치 된 손은 물위로 되돌려진 후 반대 손과 합쳐져 푸시 오프 준비를

한다. 이때 팔의 동작은 신속하게 이루어져 하며 다리는 차고 나갈 지점을 찾아 벽 쪽으로 뻗는다. 이때 수면 아래로 약 50~60cm 지점이 적당하다(만약 다리의 터치지점이 너무 높으면 미는 방향은 수면에서 너무 깊은 방향이 된다). 팔은 다리가 터치지점을 찾기 이전에 빠르게 밀고나 갈 수 있도록 미리 준비가 되어 있어야 한다. Push-off는 순간적으로 이루어져야 하며 벽을 차고 Gliding 하는 동안 최대한 몸을 쭉 펴서 유선형을 만든다.

③ 마지막 스트로크를 한 팔을 허벅지 쪽으로 당기고 입수하는 팔과 반대쪽 어깨는 몸 중심선을 따라 수영장벽으로 접근한다. 터치한 손으로 수영장 끝의 홈을 잡거나 수영장벽에 수직으로 손을 대기도 한다. 터치하는 팔은 접근 순간부터 아코디언처럼 팔목 팔꿈치 차례로 찌그러지는 완충작용을 하게 되고 순간적으로 선수의 운동량을 반대방향으로 바꾸어 준다. 이때 반대 팔은 물속에서 전방을 향해서 허리높이 정도에 위치해야만 몸이 물 밖으로 너무 떠올라 정확한 푸시 오프(Push-off) 동작을 방해하는 것을 방지할 수 있다. 이제 몸은 수직 축으로 운동하고 있다. 터치한 손은 벽을 떠나 밀기(Push-off)를 위해서 준비하고 있는 팔과 재빨리 합쳐지고 다리가 벽에 붙기 전에 두 팔과 손은 푸시 오프를 준비한다. 이때 호흡을 위해 얼굴은 위로 돌려진다. 시간을 절약하기 위해 측면으로 몸을 민다. 또는 약간 누운 자세일 수도 있고 물속에서 완벽하게 정면으로 몸을 만든 후 푸시 오프 할 수 있다.

④ 접근 시, 특별한 동작이 요구되지는 않지만 평영 턴에서는 반드시 양손 동시에 같은 높이에서 터치가 이루어져야 한다는 점을 기억하고 터치하기 전에 거리를 맞추기 위해 스트로크의 길이를 준비한다. 양손 동시에 터치한다. 터치하는 순간 선수의 순간운동량을 흡수하기 위하여 팔 무릎이 차례로 구부려지면서(마치 몸 전체가 빠른 속도로 돌진하는 자동차가 벽에 충돌했을 때 자동차 전면부터 차례로 찌그러지듯이) 순간정지 동작을 거친 후 상체가 측면 후방으로 던져지고 다리는 벽을 차고 나갈 지점으로 이동한다. 이때 반대 팔은 물속에서 터치한 직후 정면을 향해 준비되어 있어야 한다. 물 안에 가라앉은 팔은 물을 쓸어주고 다리는 벽을 밀수 있는 지점으로 옮기는 동시에 머리와 어깨는 벽을 밀기 위한 전초 동작으로 물속으로 가라앉는다. 선수는 머리가 물 안으로 들어가기

전에 숨을 들여 마신다. 벽을 터치한 팔은 순간운 동량을 벽을 밀어냄으로써 방향을 바꾸어 머리 위로 던져 입수한다. 실제 경기에서는 벽을 밀기 전에 몸을 수평으로 되돌릴 시간이 없다. 몸을 수평으로 만드는 동작은 벽을 차고 나오면서 글리딩 상태에서 자연스럽게 이루어진다.

18 ②

① 흉측하게 일그러진 얼굴을 가면으로 가린 괴신사가 아름다운 프리마돈나를 짝사랑하는 이야기를 그린 뮤지컬

② 스웨덴 출신의 혼성 팝그룹 '아바(ABBA)'의 음악으로 만들어진 영국의 뮤지컬

③ 프랑스의 대문호 빅토르 위고의 장편소설로 만들어진 뮤지컬

④ 새로운 자유를 표방하는 50년대 미국 젊은이들 사이에서 유행했던 로큰롤 문화를 소재로 젊은이들의 꿈과 열정, 사랑을 그린 뮤지컬

19 ④

① 팬데믹 : 전염병이 세계적으로 대유행하는 상황

② 에피데믹 : 감염병이 한정된 지역을 벗어나 비교적 넓은 범위로 퍼지는 전염병. 팬데믹 이전 단계로 쓰인다.

③ 인포데믹 : 정보(infomation)와 전염병(epidemic)의 합성어로 추측이나 근거없는 부정확한 정보들이 전염병처럼 급속히 전파되어 사회 전 영역에 걸쳐 큰 혼란이나 위기를 일으키는 현상

④ 에코데믹 : 환경(eco)과 전염병(epidemic)의 합성어로, 2000년대에 들어서 바이러스에 의한 팬데믹이 자주 발생하는 것이 인간이 자연환경에 일으킨 변화로 인해 새로운 질병이 생기고 급속도로 감염이 퍼지는 환경이 조성되었다는 주장을 말한다.

20 ③

① 사이드카 : 서킷브레이커와 비슷하지만 사이드카는 주가지수 선물시장을 대상으로 한다. 전일종가대비 선물시장가격이 5% 이상 변동해 1분 이상 지속될 경우 5분 동안 선물시장 전체의 거래가 중단되며 하루에 한 번만 가능하다.

② 투자경고종목 : 투자경고종목으로 지정된 후 특정일의 주가가 지정일 전일 및 직전 매매거래일의 주가보다 높고, 2일간 주가 상승률이 40% 이상인 종목에 발동되며 다음 매매거래일 1일간 매매거래가 정지된다.

③ 서킷브레이커 : 주식시장에서 주가가 급등 또는 급락하는 경우 주식매매를 일시 정지하는 제도. 주가지수의 상하 변동폭이 10%를 넘는 상태가 1분간 지속될 때 현물은 물론 선물 옵션의 매매거래를 중단시키며 하루 한 번만 발동 될 수 있다.

④ 주식 VI 발동 : 개별종목에 대한 체결 가격이 일정 범위를 벗어날 경우 발동하는 것으로 개별종목 주가의 급격한 변동을 막는 안전화 장치로 투기성 추종매매를 억제하고 미확인정보에 의한 비정상적 과열 현상을 완화시키는 효과가 있다.

제2회 정답 및 해설

1. ③
   ① 액체 따위가 낮은 곳으로 내려가거나 넘쳐서 떨어지다.
   ② 기운이나 상태 따위가 겉으로 드러나다.
   ③ 걸치거나 두른 것이 미끄러지거나 처지다.
   ④ 새어서 빠지거나 떨어지다.

2. ③
   빈칸 이후의 문장에서 단기 이익의 극대화가 장기 이익의 극대화와 상충될 때에는 단기 이익을 과감하게 포기하기도 한다고 제시되어 있으므로 ③이 가장 적절하다.

3. ①
   ① '자연은 ~ 초래된다.'까지의 문장들은 글의 논지를, 그 이후의 문장들은 반사회적 사회성의 개념을 제시하고 있다.

4. ①
   빈칸 뒤에 '하지만 ~ 위치를 알아낼 수 있다.'가 나타나므로 빈칸은 반대되는 내용이 들어가는 것이 가장 적절하다.

5. ①
   ㉠ 앞의 내용이 도덕적 평가는 운에 따라 달라져서는 안되고, 스스로가 통제할 수 있는 것에 대해서만 이루어져야 한다고 했으므로 ①의 진술이 적절하다.

6. ③
   제시된 자료는 일제강점기 여러 역사 연구 방향 중 실증사학을 설명하고 있다. '민족의 구체적인 실상과 그 진전의 정세', '일반적인 법칙이나 공식만 미리 가정 ~ 안 된다.'를 통해 실증사학임을 알 수 있다.
   ③ 실증사학은 국수주의 성격을 극복하여 근대적 역사관의 수립에 공헌하였으며, 한국 역사학의 방향을 실증사학으로 전환시켰다.
   ① 사회경제사학의 백남운은 식민사관의 정체성론을 비판하였다.
   ② 민족주의사학의 박은식은 실천적인 양명학을 발전시킬 것을 주장하였다.
   ④ 사회경제사학은 유물사관을 도입하여 한국사에 있어서 사회적 발전에 주목하고 그 발전과정을 체계적으로 이해하였다.
   ※ 낭가사상은 상고시대 이래 태양을 숭배하고 상무정신이 강하며 자주적인 전통을 지닌 한국민족의 토착 사상이다. 이러한 낭가의 조직은 고구려의 조의선인이나 신라의 화랑제도로 발전되었다. 불교는 어느 곳에서나 그 곳의 전통적인 사상이나 풍속과 결합하면서 발전하는 경향이 있어 한국에서는 낭가와 결합하는 현상을 나타냈다.

7. ④
   민정(촌락)문서 ··· 촌의 면적, 호구, 인구수, 전답의 면적, 삼밭, 뽕나무 · 잣나무 · 호두나무, 소 · 말 등의 수효가 기록된 장적으로 조세 · 공납 부과와 부역 동원을 위해 3년마다 작성되었다.
   ㉠ 호의 등급 : 노동력의 다소별로 9등급
   ㉡ 인구의 등급 : 남녀 · 연령별로 6등급
   ㉢ 토지의 종류 : 촌주위답(촌주에게 지급), 연수유답(정남에게 지급), 관모답, 내시령답

8. ①

① 진대법은 고구려 고국천왕 때에 재상 을파소에 의해 제창되어 실시된 빈민구제제도이다. 이 제도는 토지를 잃고 몰락하는 농민을 구제하고, 귀족의 고리대업에 의해 노비로 전락하는 농민들을 없애기 위해 실시한 춘대추납(春貸秋納)의 농민구제시책이었다. 이 제도는 고려시대의 의창, 조선시대의 환곡제도로 이어졌다.

③ 상평창은 고려시대 물가조절기구로서 개경, 서경과 12목에 설치하여 곡식과 베의 값이 내렸을 때 사들였다가, 값이 오르면 싸게 내다 팔아서 물가안정을 도모한 기구였다.

9. ①

직지심경(1377, 직지심체요절) ⋯ 현존하는 최고(最古)의 금속활자본으로, 파리국립도서관에 있다.

10. ③

물산장려운동 ⋯ 1922년 평양에서 조만식의 주도로 시작되어 전국으로 확산된 국산품 애용운동으로, 민족산업을 육성함으로써 민족경제의 자립기반을 조성하기 위한 운동이었다. 표어는 1923년 조선물산장려회가 조직되어 근검저축, 생활 개선, 금주·단연운동 등의 실천요강을 내걸었다.

11. ③

인포데믹스 ⋯ 정보(information)와 전염병(epidemics)의 합성어로, 정보 확산으로 인한 부작용으로 추측이나 뜬소문이 덧붙여진 부정확한 정보가 인터넷이나 휴대전화를 통해 전염병처럼 빠르게 전파되는 현상을 말한다. 인포데믹스의 발전은 소셜 미디어(Social Media) 발전과도 연관 깊으며, 익명성을 악용한 루머 유포나 사이버 폭력, 명예훼손 등이 사회적 문제로 떠오르고 있다. 코로나19와 관련한 가짜 뉴스들을 예로 들 수 있고 경제, 정치, 안보 등 분야를 가리지 않고 나타나고 있다.

12. ③

코호트 격리 ⋯ 코호트(Cohort)는 고대 로마 군대의 기본 편제인 라틴어 '코호스'(Cohors)에서 파생된 말로, 코호스는 360～800명(통상 500명) 규모로 구성된 군대 조직을 뜻하는 말이다. 이후 사회학에서 같은 시기를 살아가면서 공통된 행동양식이나 특색을 공유하는 그룹을 뜻하는 말로 코호트가 사용되기 시작했고, 통계 용어로서는 '동일 집단'을 가리키는 용어로 사용된다. 코호트는 보건의학 분야에서는 특정 질병 발생에 관여할 것으로 의심되는 특정 인구 집단을 가리키는 말로 사용된다. 여기에 격리(Isolation)라는 단어가 합쳐지면서 코호트 격리는 바이러스나 세균성 감염 질환자가 나온 병원을 의료진들과 함께 폐쇄해 감염병의 확산 위험을 줄이는 조치를 가리키는 말로 사용되고 있다. 코호트 격리는 특정 질병 발병 환자와 의료진을 동일 집단(코호트)으로 묶어 전원 격리하는 매우 높은 단계의 방역 조치로, 여기서 코호트 병원이란 이런 코호트 격리를 하는 병원을 가리킨다.

13. ②

① 구입한 부동산을 단기적 이익을 목적으로 하여 다시 파는 것

③ 부동산권리의 하자 유무를 문서와 도면상으로 확인하는 작업

④ 상품이나 유가증권의 시세변동에 의해 발생하는 차익획득을 목적으로 하는 거래행위

14. ③

퍼스트펭귄 ⋯ 선구자 또는 도전자의 의미로 사용되는 관용어로, 남극 펭귄들이 사냥하기 위해 바다로 뛰어드는 것을 두려워하지만 펭귄 한 마리가 먼저 용기를 내 뛰어들면 무리가 따라서 바다로 들어간다는 데에서 유래되었다.

① 기업의 상품이나 서비스를 구매하지 않으면서 자신의 실속을 차리기에만 관심을 두고 있는 소비자를 말한다. 신포도 대신 체리(버찌)만 골라먹는 사람이라는 뜻으로, 본래는 신용카드 회사의 특별한 서비스 혜택만 누리고 카드는 사용하지 않는 고객을 가리킨다.

② 두렵고 피하고 싶었던 상황에 처해 있다는 것을 갑자기 깨닫게 되는 순간을 뜻한다. 증권시장에서는 증시의 갑작스러운 붕괴를 일컬을 때 이 용어를 사용한다.

④ 도저히 일어날 것 같지 않은 일이 일어나는 것을 얘기하는 것으로, 월가 투자전문가인 나심 니콜라스 탈레브가 그의 저서 '검은 백조(The black swan)'를 통해 서브프라임 모기지 사태를 예언하면서 두루 쓰이게 되었다.

15. ②

베르누이의 정리 … 1738년 과학자 다니엘 베르누이가 정리하여 발표한 내용으로서 정상 운동을 하고 있는 비점성 유체에 대한 에너지 보존을 나타내는 정리이다. 즉, 유체에 가해지는 일이 없는 경우에 유체의 속도와 압력 그리고 위치 에너지 사이의 관계를 나타낸 식으로 이 정리를 나타낼 수 있다.

① 뉴턴의 운동 법칙은 힘이 작용하는 물체가 어떤 운동을 하는지를 기술하는 자연법칙이며, 고전역학의 토대

③ 기체의 부피는 1℃ 올라갈 때마다 0℃일 때 부피의 1/273씩 증가한다는 법칙

④ 수조의 측면 또는 저면의 구멍으로부터, 유출하는 물의 유속과 수면까지의 높이와의 관계를 나타내는 정리

16. ①

고속도로를 주행할 때에는 주행속도의 수치를 그대로 m로 한 수치만큼 안전거리를 확보해야 한다.
100km/h 주행 시 안전거리는 100m이다.

17. ④

① 잠재고객이 많이 모인 장소에 갑자기 등장해 상품 선전이나 판매촉진 활동을 하는 마케팅

② 블로그나 카페 등을 통해 소비자들에게 자연스럽게 정보를 제공하여 기업의 신뢰도 및 인지도를 상승시키고 구매욕구를 자극시키는 마케팅

③ 소비자의 일상생활을 파고드는 마케팅

④ 게릴라 작전처럼 기습적으로 행해지며 교묘히 규제를 피해가는 마케팅

18. ③

① 2012년 3월, 구동독 출신 최초로 독일 대통령으로 선출됨

② 옛 서독의 총리로, 동서화해 정책(동방정책)을 추구하여 1971년 노벨평화상을 수상한 인물

③ 독일 통일을 위해 철혈정책과 오스트리아 배척정책을 실시한 인물

④ 16년(1982~1998)을 재임한 독일 최장수 총리이자 1990년 베를린 장벽을 허문 '독일 통일의 아버지'

19. ①

① 강제적 셧다운제는 국내 게임 산업을 위축시킨 대표적인 규제로 도입 10년 만에 폐지될 예정이다.

② 인터넷실명제 : 인터넷 이용자의 실명과 주민등록번호가 확인되어야만 인터넷 게시판에 글을 올릴 수 있는 제도

③ 게임시간 선택제 : 만 18세 미만 청소년 본인 또는 법정대리인의 요청 시 원하는 시간대로 게임 이용 시간을 설정하도록 한 제도

④ 청소년보호법 : 청소년에게 유해한 매체물과 약물 등이 19세 미만의 청소년에게 유통되는 것과 청소년이 유해한 업소에 출입하는 것 등을 규제하고, 폭력·학대 등 청소년유해행위를 포함한 각종 유해한 환경으로부터 청소년을 보호·구제함으로써 청소년이 건전한 인격체로 성장할 수 있도록 함을 목적으로 하는 법률

20. ②

① 영국 : 알파 변이 바이러스

③ 페루 : 람다 변이 바이러스

④ 남아공 : 베타 변이 바이러스

제3회 정답 및 해설

1. ④
- 고립(孤立) : 다른 사람과 어울리어 사귀지 아니하거나 도움을 받지 못하여 외톨이로 됨
- 설립(設立) : 기관이나 조직체 따위를 만들어 일으킴
- 난립(亂立) : 질서 없이 여기저기서 나섬

2. ②
주어진 글에 쓰인 '맞선을 보다'는 선택지 ②의 '잠깐 좀 보다'의 경우와 함께 '일정한 목적 아래 만나다'의 의미를 갖는 어휘이다.
① '맡아서 보살피거나 지키다'의 의미를 갖는다.
③ '상대편의 형편 따위를 헤아리다'의 의미를 갖는다.
④ '눈으로 대상의 존재나 형태적 특징을 알다'의 의미를 갖는다.

3. ③
'이제 더 이상 대중문화를 무시하고 엘리트 문화지향성을 가진 교육을 하기는 힘든 시기에 접어들었다.'가 이 글의 핵심문장이라고 볼 수 있다. 따라서 대중문화의 중요성에 대해 말하고 있는 ③이 정답이다.

4. ④
제시된 글의 마지막 부분에 '작업에서 핵심 역할을 하는 것이 취미 판단 이론'이라고 했으므로 이어질 내용은 이와 관련된 내용이어야 한다.

5. ④
① 요구나 제의 따위를 받아들이지 않고 물리침
② 꺼리거나 어려워하는 기색
③ 그릇되게 해석하거나 뜻을 잘못 앎
④ 지지하여 도움

6. ④
④ 세종대왕의 한글창제는 우리나라의 창조적인 문화유산이다.

7. ③
㉠ 귀족관료들에게 관직복무의 대가로 지급된 토지(수조권만 지급)
㉡ 관리들에게 봉급 대신 지급한 토지
㉢ 일반 백성에게 지급된 토지, 조를 바치게 하였음
㉣ 전쟁에서 공을 세운 장군이나 귀족에게 지급된 토지
※ 신라 정부는 귀족세력들을 억누르기 위해 관리에게 관료전을 지급하고 녹읍을 폐지하였다. 그리고 일반 백성들에게는 정전을 주어 경작하게 하고 국가에 조세를 바치도록 하였다. 이는 귀족세력의 경제기반을 약화시켜 귀족세력을 억누르고 국가가 직접 농민을 지배하기 위한 정책이었다.

8. ③
6두품은 신분상의 제약으로 높은 관직에 오를 수는 없었지만 국왕의 정치적 조언자로서 새로운 시대를 열어갈 이념적 기반 및 새로운 사회건설을 위한 방향을 제시하였다.

9. ②
보조국사 지눌(1158~1210)
㉠ 조계종 중심의 선교통합운동 : 당시 불교계의 타락을 비판하면서, 참선(선종)과 지혜(교종)를 아울러 닦자는 정혜쌍수(定慧雙修)를 내세워 승려는 예불 독경과 함께 참선 및 노동에 힘쓰자는 개혁운동을 전개하였다.
㉡ 돈오점수(頓悟漸修) : 돈오(頓悟)는 인간의 마음이 곧 부처의 마음임을 깨닫는 것이며, 점수(漸修)는 깨달은 뒤에도 꾸준히 수행해야 해탈에 이를 수 있다는 것인데, 이는 선종 중심의 교종 통합을 의미한다.

10. ③

제시된 것들은 독립협회와 관련된 것이고, 독립협회에서 발행된 신문은 독립신문이다.

11. ②

코로나 블루 ··· '코로나19'와 '우울감(blue)'이 합쳐진 신조어로, 코로나19 사태의 장기화로 일상에 큰 변화가 닥치면서 생긴 우울감이나 무기력증을 뜻한다. 이는 감염 위험에 대한 우려는 물론 '사회적 거리두기'로 인한 일상생활 제약이 커지면서 나타난 현상이다. 문화체육관광부와 국립국어원은 '코로나 블루'를 대체할 쉬운 우리말로 '코로나 우울'을 선정하였다.

12. ④

비말감염 ··· 감염자가 기침 · 재채기를 할 때 침 등의 작은 물방울(비말)에 바이러스 · 세균이 섞여 나와 타인에게 감염시키는 것을 말한다. 비말 크기는 $5\mu m$($1\mu m$는 100만 분의 1m) 이상으로, 보통 기침을 한 번 하면 약 3,000개의 비말이 전방 2m 내에 분사되는 것으로 알려졌다. 따라서 비말감염을 피하려면 감염자로부터 2m 이상 떨어져야 한다. 이 비말은 기침, 재채기, 대화 또는 기관지 내시경과 같은 특별한 처치 시 발생하며, 바이러스를 가진 비말이 다른 사람의 눈 결막이나 비강, 구강 점막에 튀면서 전염이 일어난다. 비말감염으로 전염되는 대표 질환으로는 코로나19, 독감, 백일해, 메르스(중동호흡기증후군) 등이 있다.

13. ④

① 조선 후기 순암 안정복이 고조선부터 고려말까지의 역사를 저술한 것

② 1941년 정지용이 발표한 두 번째 시집으로 9편으로 구성된 연작시

③ 1941년 서정주가 발표한 최초의 시집

14. ①

나노미터는 길이 단위의 하나로 1×10^{-9}m를 가리킨다. 즉, 10억분의 1m를 가리키는 단위이다.

15. ①

① 사람들에게 브레이크가 고장 난 트롤리 상황을 제시하고 다수를 구하기 위해 소수를 희생할 수 있는지를 판단하게 하는 문제 상황을 가리키는 말이다.

② 자신의 이익만을 고려한 선택이 결국에는 자신뿐만 아니라 상대방에게도 불리한 결과를 유발하는 상황을 말한다.

③ 대인관계를 통한 친밀감 욕구와 자율성에 대한 욕구, 상처받지 않는 상태에 대한 욕구가 양립할 수 없다는 딜레마를 말한다.

④ '인간은 합리적이다'라는 전통경제학의 가정이 늘 옳지는 않다는 것을 증명하는 사례로 유명하다. 인간의 불합리를 증명하기 위해 몬티홀 문제(Monty Hall Problem)를 사용한다.

16. ②

① 감독이나 선수의 요구에 의해서, 혹은 심판이 어떤 필요에 의해서 경기를 정지시키고자 할 때 외치는 소리나 그런 제스처를 말한다.

② 프라임(prime)은 가장 중요하다는 뜻으로 프라임 타임(prime time)은 시청률이나 청취율이 가장 높아 광고비도 가장 비싼 방송시간대를 가리킨다. 드라이브 타임(drive time)이나 골든 아워(golden hours), 골든 타임(golden time), 피크 타임(peak time) 등으로도 불린다.

③ 수영에서는 풀장의 편도 · 왕복마다 측정한 소요시간을 말한다. 어떤 경우는 레이스의 도중시간을 말할 때도 있다. 경기에서 선수가 힘의 안배(按排)를 염두에 두는 것은 중요한 일인데, 그러기 위해서는 경기나 훈련시에 면밀하게 랩타임을 측정하는 일이 중요하다.

17. ③

① 객체 지향 프로그래밍 언어로서 보안성이 뛰어나며 컴파일한 코드는 다른 운영 체제에서 사용할 수 있도록 클래스(class)로 제공된다. 객체 지향 언어인 C++ 언어의 객체 지향적인 장점을 살리면서 분산 환경을 지원하며 더욱 효율적이다.

② 다양한 플랫폼에서 사용이 가능한 객체 지향 기반 인터프리터 방식의 고급 프로그래밍 언어 중 하나. 문법이 배우기 쉽고 결과를 바로 확인할 수 있어서 프로그래밍 초보자에게 추천되는 언어이다.

③ 컴퓨터 프로그래밍 도구. 미국 매사추세츠 공과대학(MIT) 미디어랩(Media Lab)의 라이프롱킨더가든그룹(LKG)이 만들어 무료로 제공했다.

④ 1991년 핀란드 헬싱키 대학 학생이던 리누스 토발즈(Linus Torvalds)가 대형 기종에서만 작동하던 운영 체계인 유닉스를 386 기종의 개인용 컴퓨터(PC)에서도 작동할 수 있게 만든 운영 체계. 인터넷을 통해 프로그램 소스 코드를 완전 무료로 공개하여 사용자는 원하는 대로 특정 기능을 추가할 수 있을 뿐만 아니라, 어느 플랫폼에도 포팅이 가능하다. 이러한 장점 때문에 일반 기업과 인터넷 서비스업체, 연구 기관 등에서 수요가 늘어나고 있다.

18. ③

① 제품과 서비스의 결합(product servitization), 서비스의 상품화(service productization), 그리고 기존 서비스와 신규 서비스의 결합 현상을 포괄하는 개념이다. 제품에 서비스를 결합하는 대표 사례는 자동차에 유비쿼터스 환경을 구현해 주는 정보기술이 있으며, 서비스의 상품화는 농촌 체험마을 관광 상품을 들 수 있다.

② 1990년 마이클 해머가 제창한 기업 체질 및 구조의 근본적인 변혁을 가리킨다. 비용, 품질, 서비스, 속도와 같이 핵심이 되는 경영성과 지표들을 비약적으로 향상시킬 수 있도록 사업활동을 근본적으로 다시 생각하여 조직구조와 업무방법을 혁신시키는 재설계 방법이다.

③ 한 기업에서 새로 출시하는 상품으로 인해 그 기업에서 기존에 판매하던 다른 상품의 판매량이나 수익, 시장점유율이 감소하는 현상을 가리킨다. 카니발리제이션(cannibalization)이란 동족살인을 뜻하는 카니발리즘(cannibalism)에서 비롯된 용어로, 자기잠식 또는 자기시장잠식이라는 의미이다.

④ 제품 생산 및 공급에 주력하던 제조업체가 사업모델을 서비스 중심으로 변경하는 것을 가리킨다.

19. ④

① 합계출산율 : 한 여성이 가임 기간(15-49세)동안 낳을 것으로 예상되는 평균 출생아 수

② 비례사망지수 : 연간 총 사망수에 대한 50세 이상의 사망자수를 퍼센트(%)로 표시한 지수로 비례사망지수(PMI) 값이 높을수록 건강수준이 좋음을 의미한다.

③ 인구피라미드 : 인구의 연령, 성 구조를 함께 그래프로 나타낸 것

20. ②

② 탈레반 : 아프가니스탄 칸다하르에서 결성된 이슬람 수니파 무장 정치조직으로, 1996년부터 2001년까지 아프가니스탄을 지배. 2021년 8월 15일 수도 카불을 장악하면서 20년 만에 정권을 재장악

① 알 카에다 : 오사마 빈 라덴(Osama bin Laden)이 이끈 국제적인 테러조직으로 주로 미국을 표적으로 테러행위를 하고 스스로 그 실행을 인정한 과격 조직

③ IS : 급진 수니파 무장단체인 이라크-레반트 이슬람국가(ISIL, ISIS로 일컬어지기도 함)가 2014년 6월 29일 개명한 단체로, 그해 6월부터 이라크와 시리아를 중심으로 세력을 확장하며 중동은 물론 유럽에서도 테러를 자행

④ 하마스 : 이스라엘에 대한 테러를 주도하고 있는 팔레스타인의 대표적인 무장단체로, 파타와 함께 팔레스타인 양대 정파를 구성함

제4회 정답 및 해설

1. ③

①②④는 모두 '없던 것이 새로 있게 되다.'는 의미로 쓰인 '생기다'이다.

③은 '자기의 소유가 아니던 것이 자기의 소유가 되다.'의 의미로 쓰인 '생기다'이다.

2. ③

과거에 대한 설명 (나), 이에 대한 반론 (가), 반론에 대한 추가 설명 (다)의 순서로 이어지는 것이 가장 적절하다.

3. ③

③ 뒤의 문장에서 '하지만 ~ 수단 역할을 하는 데 있다.'라는 말이 오므로 그 전의 문장은 동물의 수단과 관계된 말이 와야 옳다.

4. ②

(나) 자동차 설계 및 수리 시, 최하부 단위 수준에서 하는 것은 비효율

(다) 자동차 내부의 확실한 구분이 주는 장점(의미 있는 구성단위)

(가) 위 개념을 소프트웨어에 적용

5. ①

• ㉠의 앞 문단은 왕권 강화를 위한 조치이고, ㉠의 뒷 문장은 인사권과 반역자를 다스리는 한정된 권한만을 행사한다고 하였다. 따라서 ㉠의 앞, 뒤의 내용이 상반될 때 쓰이는 '그러나'가 들어가야 한다.

• ㉡의 앞 내용은 어전회의의 내용인 '상참', '윤대'에 대해 말하고 있고, ㉡의 뒤 내용은 '차대'에 대해 말하고 있다. 따라서 ㉡에는 앞 뒤 내용이 병렬적으로 구성될 수 있는 '그리고'가 들어가야 한다.

6. ④

① 고조선은 청동기문화를 기반으로 성립하였다.

② 단군은 제사장을 의미하고 왕검은 정치적 지배자를 뜻한다.

③ 8조금법의 절도죄에서 노비존재를 입증해준다.

④ 위만조선은 경제적·군사적 발전을 기반으로 한과 대립하였다.

7. ①

강동성 전투(1218)에서 고려와 몽고는 연합하여 거란을 물리치게 된다. 이를 구실로 몽고는 고려에게 공물을 요구하고 몽고사신이 공물을 받아가던 중 피살된 사건을 구실로 몽고의 침략이 시작된다.

8. ④

고려시대 대외무역의 발전과 함께 국제무역항으로 가장 번성한 곳은 벽란도이다.

9. ③

고려시대 신분구조

㉠ **귀족** : 왕족, 문벌이 좋은 5품 이상의 고위관리

㉡ **중류층** : 하급관리, 서리(중앙관청의 실무 관리), 남반(궁중관리), 향리(지방행정의 실무 담당), 하급장교

㉢ **양인** : 농민, 상인, 수공업자

㉣ **천민** : 노비, 향·소·부곡민, 화척(도살업자), 진척(뱃사공), 재인

10. ③

① 신라에서 제작된 것으로 세계에서 가장 오래된 목판 인쇄물로서 닥나무로 만들어져서 품질이 뛰어나다.

② 직지심체요절이라고도 하며 1377년 고려 우왕 때 간행된 현존하는 세계 최고의 금속활자본이다.

④ 현종 때 거란 퇴치를 염원하며 대장경을 간행했으나 몽고 침입으로 불타 버리고 인쇄본 일부가 남았다.

11. ④

고위공직자범죄수사처 … 고위공직자 및 그 가족의 비리를 중점적으로 수사·기소하는 독립기관으로, '공수처'라고도 한다. 2019년 12월 30일 '고위공직자범죄수사처 설치 및 운영에 관한 법률안(공수처법)'이 국회 본회의를 통과하고, 2020년 1월 7일 국무회의를 통해 공포되었다. 2월 10일에는 공수처 출범을 위해 제반 사항을 지원하는 국무총리 소속 '고위공직자범죄수사처 설립준비단'이 발족하고, 법 시행(7월 15일)과 함께 출범 예정이었으나 출범이 지연되었다. 이후 12월 10일 법 개정안이 국회를 통과해 해당 개정안이 12월 15일 공포·시행에 들어갔으며, 2021년 1월 21일 김진욱 초대 공수처장 취임과 함께 공식 출범하였다.

12. ②

드라이브 스루 선별진료소 … 코로나19 확진 여부를 알기 위해 차에 탄 채 안전하게 문진·검진·검체 채취·차량 소독을 할 수 있는 선별진료소를 말한다. 의심환자가 차를 타고 일방통행 동선에 따라 이동하면 의료진이 '의심환자 확인 및 문진-진료(검체 채취 등)-안내문 배포' 순서로 검사를 진행한 뒤 소독을 실시하는 방식으로 이뤄진다. 우리나라는 코로나19 확진자가 급증한 2020년 2월부터 드라이브 스루 선별진료소를 시행하면서 국내는 물론 전 세계의 호평을 받고 있다. 본래 '드라이브 스루(Drive Thru-)'는 패스트푸드 체인점 등에서 쓰이는 용어로, 소비자가 매장에 들어가지 않고 차에 탄 채로 햄버거나 음료를 주문해 받을 수 있도록 고안된 방식을 가리킨다. 이 방식에서 고안된 드라이브 스루 선별진료소는 환자와 의료진을 보호하는 것이 목적으로, 일반 선별진료소에서는 환자들이 도보로 이동하지만 드라이브 스루 선별진료소에서는 환자들이 차에 탄 채로 창문을 통해 문진·발열 체크·검체 채취를 받을 수 있다.

13. ①

보크는 주자가 베이스에 있을 경우 투수가 규칙에 어긋나는 투구 동작을 하는 것을 말한다.

② 배트를 휘두르지 않고 공에 갖다 대듯이 가볍게 밀어 내야에 굴리는 타법

③ 야구경기에서 주자가 규칙에 따라서 누로 돌아가는 행위를 말하며, 진루를 하거나 뒤로 돌아올 때에 누를 밟지 않은 주자가 그 누를 다시 밟으려고 하는 것, 볼 데드(경기중단) 후에 누를 터치하는 것, 희생 플라이 볼을 쳤을 때 태그업(tag up:다음 베이스로 진루하기 위해 점유하고 있던 누를 되밟는 것)하는 것 등을 의미

④ 투수와 포수를 합쳐서 부르는 말

14. ②

수정핵가족 … 결혼한 자녀 가족과 부모가 같은 집에 거주하지만 분리된 생활공간에서 독립적으로 생활하는 가족 형태를 일컫는 말이다.

① 부부와 미혼의 자녀만으로 이루어진 소가족

③ 가부장적인 사고방식에서 벗어난 '친근한' 이미지의 아버지를 일컫는 말

④ 자녀의 학교주변을 헬리콥터처럼 맴돌며 사사건건 학교 측에 통보·간섭하는 학부모를 일컫는 말

15. ①

애빌린의 역설 … 한 집단의 결정이 그 어떤 구성원도 원하지 않는 방향으로 이루어지는 역설적인 상황을 뜻하는 말이다.

② 램프증후군

③ 노시보 효과

④ 가면현상

16. ②

① 장기 자금 조달, 기업의 인수·합병, 프로젝트 파이낸스 등의 중개 업무를 하는 금융기관을 말한다. 단기자금 및 일반 예금, 대출을 취급하는 상업은행(CB : commercial bank)과 대비되는 개념이다.

② 기업에서 자금조달을 원활히 하고, 재무구조를 개선하고, 국민의 기업참여가 활발하게 이루어지게 하고, 국민경제가 발전할 수 있도록 기여하기 위해서 자사의 주식이나 경영의 내용을 공개하는 것을 말한다.

③ 자기자본의 운영이 얼마나 효율적으로 이루어졌는지 반영하는 지표로 자기자본에 대한 기간이익의 비율로 나타낸다. 보통 경상이익, 세전순이익, 세후순이익 등이 기간이익으로 이용되며, 주식시장에서는 자기자본이익률이 주가에 반영되는 경향이 강하기 때문에 투자지표로도 자주 이용된다.

④ 현재의 주가를 주당순이익으로 나눈 것이다. 주가가 주당순이익의 몇 배인가를 나타낸 것으로 투자판단의 지표로 사용된다.

17. ②

코스피지수 … 주가지수는 주식시장 전체의 움직임을 파악하기 위하여 작성하는 지수로 우리나라 경제 상황을 총체적으로 보여주는 지표이다.

우리나라의 종합주가지수(KOSPI)는 증권거래소가 1964. 1. 4.을 기준 시점으로 다우존스식 주가평균을 지수화한 수정주가 평균지수를 산출, 발표하기 시작하였다. 다우존스식 주가지수는 주가지수를 구성하는 상장종목 중 일부 우량주만을 선정하여 산출하는 방식이다. 그 후 시장규모가 점차 확대됨에 따라 1972. 1. 4일부터는 지수의 채용종목을 늘리고 기준시점을 변경한 한국종합주가지수를 발표하였고 매년 지수의 채용종목수를 변경하여 왔다. 그러나 증권시장의 지속적 발전과 함께 증권분석의 새롭고 다양한 이론이 등장하면서 다우존스식 주가지수가 가지고 있는 문제점이 계속 노출됨에 따라 거래소는 시장 전체의 전반적인 주가동향을 보다 정확히 나타내기 위하여 1983. 1. 4일부터 시가총액식 주가지수로 전환하여 산출, 발표하고 있다.

시가총액식 주가지수는 일정시점의 시가총액과 현재 시점의 시가총액을 대비, 현재의 주가수준을 판단하는 방식이다. 즉, 지난 1980년 1월 4일 기준 상장종목 전체의 시가총액을 100으로 보고 현재 상장종목들의 시가총액이 어느 수준에 놓여 있는지를 보여주는 시스템이다.

종합주가지수 = (비교시점의 시가총액 ÷ 기준시점의 시가총액) × 100

---

18. ④

광고 카피라이팅 5I

㉠ Idea : 멋진 아이디어에서 시작한다.

㉡ Immediate Impact : 직접적인 임팩트 관점에서 제작되어야 한다.

㉢ Incessant Interest : 메시지에서 계속 흥미를 가지도록 구성한다.

㉣ Information : 고객에 대한 필요한 정보를 수집하고 정확히 제시한다.

㉤ Impulsion : 충동을 불러일으키는 힘을 가져야 한다.

19. ②

① 핼러윈효과 : 주식 투자자들이 11월부터 다음 해 4월까지 상대적으로 가파르게 오른다는 믿음 때문에 5월부터 핼러윈 데이가 속한 10월까지는 주식 투자를 자제하는 경향을 지칭하는 단어

② 풍선효과 : 어떤 부분에서 문제를 해결하면 또 다른 부분에서 새로운 문제가 발생하는 현상

③ 카페라떼효과 : 티끌모아 태산을 의미하는 신조어로 하루에 커피 한잔 마실 돈을 아껴서 큰 돈을 만든다는 의미

④ 앰비슈머 : 우선순위에 있는 분야에서는 돈을 아끼지 않고 소비하지만, 후 순위 분야에 대해서는 최대한 돈을 아끼는 소비자를 말함

20. ①

① 민간전자서명 : 기존의 공인인증서보다 발급이 간편한 인증수단으로 휴대폰, 계좌 인증을 통해 전자서명을 어플에 등록하면 생채 인식 정보나 PIN 아이디를 통해 간편하게 인증이 가능

② 엑티브X : 사용자가 웹 서비스를 이용하는 데 필요한 응용프로그램을 컴퓨터에 자동 설치해 주는 기술로 마이크로소프트(MS)사가 개발

③ 아이핀 : 개인정보 유출 시 피해를 최소화하고자 했던 주민등록번호 대체 인증수단. '인터넷 개인 인증 번호(Internet Personal Identification Number)'의 약자

④ 블록체인 : 블록에 데이터를 담아 체인 형태로 연결, 수많은 컴퓨터에 동시에 이를 복제해 저장하는 분산형 데이터 저장 기술

제5회 정답 및 해설

1. ④

일반적인 비난 제시 (다), 의문점 제시 (가), 의문에 대한 대답 (나)의 순서로 이어지는 것이 가장 적절하다.

2. ④

바로 다음 문장에서 앞의 내용을 강조하기 위해 같은 내용을 반복하고 있다. "다른 사람들이 이해한다는 것은 결국 우리 주위에 있는 사회 일반이 공통적으로 인식한다는 것이다."를 통해 빈칸에 들어갈 문장은 ④ 임을 알 수 있다.

3. ③

첫 번째 문단에서 문제를 알면서도 고치지 않았던 두 칸을 수리하는 데 수리비가 많이 들었고, 비가 새는 것을 알자마자 수리한 한 칸은 비용이 많이 들지 않았다고 하였다. 또한 두 번째 문단에서 잘못을 알면서도 바로 고치지 않으면 자신이 나쁘게 되며, 잘못을 알자마자 고치기를 꺼리지 않으면 다시 착한 사람이 될 수 있다하며 이를 정치에 비유해 백성을 좀먹는 무리들을 내버려 두어서는 안 된다고 서술하였다. 따라서 글의 중심내용으로는 잘못을 알게 되면 바로 고쳐 나가는 것이 중요하다가 적합하다.

4. ④

(나) 서양음악의 기보(오선지 위에 음표를 기재하는 방식)
(다) 중세시대 성가의 기초인 교회선법(정격선법 및 종지음)
(가) 변격선법의 이름 및 종지음
(라) 교회선법의 중심음

5. ④

① 기술상의 재주
② 맨 처음

③ 어떤 문제를 해결하는 방향으로 이끌어 가는 일의 첫 부분
④ 사물의 성질이나 가치를 양부(良否), 우열 따위에서 본 분량이나 수준

6. ①

② 화폐와 곡식의 출납, 회계
③ 풍속의 교정, 관리의 비리 감찰
④ 국정 전반에 걸친 중요사항 결정

7. ④

고려시대에는 우경에 의한 깊이갈이(심경법)가 일반적으로 행해졌고, 2년 3작의 윤작법이 보급되어 갔다. 2모작과 모내기법은 조선초기의 농업기술이다.

8. ①

제시된 사회시설들은 빈민구제기관들이다.

9. ①

① 고려 충렬왕 때 승려인 일연이 쓴 대표적 야사(野史)로서, 불교사를 중심으로 고대설화나 야사를 수록하였으며, 단군을 민족의 시조로 보는 자주의식을 나타낸 사서이다.
② 고려 고종 때 이규보가 동명왕을 고구려 건국의 영웅으로 칭송한 일종의 영웅서사시이다.
③ 김부식에 의해 기전체로 쓰여진 정사로서, 유교적 역사의식에 입각하여 서술된 고려중기의 대표적 사서이다.
④ 고려 현종 때 왕조실록이 거란의 침입으로 불타 소실되자, 태조부터 목종에 이르는 사실을 재정리한 것이다. 덕종 때 황주량에 의해 편찬되었으나 현재 전하지 않는다.

10. ②

일제는 군사적 위협을 가해 일방적으로 제2차 한·일협약(을사조약)의 성립을 선포하여 외교권을 박탈하고 통감부를 설치하여 내정까지 간섭하였다. 이에 장지연은 시일야방성대곡의 격렬한 항일언론을 펴 일제를 규탄하고 민족적 항쟁을 호소하였다.

11. ②

pandemic … 그리스어로 '모두'를 뜻하는 'pan'과 '사람'을 뜻하는 'demic'의 합성어로, 감염병이 세계적으로 대유행하는 상태 즉, '감염병 세계적 유행'을 나타내는 말이다. 2020년 3월에 WHO에서 '코로나19'를 팬데믹으로 규정하였고, 전염병 위험 수준 총 6단계에서 최상위 단계이다. 팬데믹의 지난 예로는 홍콩 독감과 신종인플루엔자를 들 수 있다.

12. ③

버팀목자금 … 코로나19 피해를 받은 소상공인에게 지급되는 맞춤형 지원금이다. 중소벤처기업부가 2021년 1월 11일부터 사회적 거리두기 강화로 집합금지·영업제한과 매출감소를 겪고 있는 소상공인 280만 명에게 버팀목자금을 지급한다고 밝혔다. 1차 버팀목자금 지원규모는 4조 1,000억 원 수준으로, 이는 정부가 2021년 1월 5일 국무회의에서 의결한 예비비 3조 6,000억 원과 새희망자금 잔액 5,000억 원을 더한 액수이다. 1차 버팀목자금은 2021년 1월 11일부터 지급이 이루어졌다.

13. ④

천지창조는 미켈란젤로가 로마의 시스티나 성당 천장에 그린 세계 최대의 벽화를 말한다.
오라토리오는 17~18세기 가장 성행했던 대규모의 종교적 극음악을 말한다.

14. ①

대취타(大吹打) … 조선시대에 관리들의 공식적인 행차에 따르는 행진음악이다. 부는 악기인 취(吹)악기와 때리는 악기인 타(打)악기로 연주하는 음악이라는 뜻에서 '대취타(大吹打)'라는 곡명이 붙여졌다. 조선조 궁중의 선전관청과 각 영문(營門)에 소속된 악수(樂手)들에 의

해서 임금이 성문 밖이나 능(陵)으로 행차할 때, 혹은 군대의 행진·개선 또는 선유락(船遊樂)·항장무(項莊舞)·검기무(劍技舞)와 같은 궁중무용의 반주음악으로 사용되던 음악이었다.

② 조선 전기에 만들어진 아악곡(雅樂曲)으로 임금의 행차나 궁중의 연회 등에서 연주되던 관현합주곡
③ 향악에 속하는 관악합주곡의 하나, 일명 '정읍(井邑)'. 신라 때에 만들어진 향악의 일종인데, 매우 완만하게 연주되는 장중한 곡풍과 독특한 짜임새로 인해 조선 후기 궁중음악 양식의 갈래를 대표하는 곡
④ 종묘(宗廟)의 본전(本殿)과 영녕전(永寧殿) 제향(祭享) 때 연주되는 음악. 문묘제례악(文廟祭禮樂)처럼 종묘제례악은 악기로 연주하는 기악(器樂), 노래로 부르는 악장(樂章), 그리고 의식무용인 일무(佾舞), 이렇게 악가무의 세 가지로 구성

15. ①

① 무한책임사원만으로 구성되는 회사
② 무한책임사원과 유한책임사원으로 구성되는 복합적 조직의 회사
③ 다른 회사의 주식을 소유함으로써, 사업활동을 지배하는 것을 주된 사업으로 하는 회사
④ 사원이 회사에 대하여 출자금액을 한도로 책임을 질 뿐, 회사채권자에 대하여 아무 책임도 지지 않는 사원으로 구성된 회사

16. ④

① 연속된 이미지들을 촬영하거나 재현하는 속도의 비율. 프레임 레이트는 필름의 초당 24프레임, 비디오의 초당 30프레임과 같이 초당 진행되는 프레임의 수로 측정한다.
② 통신이나 계산기에서 사용되는 펄스(pulse)의 속도로서 1초간에 포함되는 펄스의 수로 나타낸다. 비트 레이트가 클수록 많은 정보를 송출할 수 있다.
③ 방송요금 혹은 전파요율. 시청취율의 고저에 따라 몇 개의 급으로 구분되고 있는데, 일정기간 일정 회수의 광고를 계약한 경우에는 할인요율이 적용된다.

④ 신문 광고의 매체 가치를 발행 부수와 비용의 양면에서 경제적으로 평가할 때 이용하는 척도다. 밀라인 레이트는 발행부수 100만 부당 광고 지면 1행의 경우 광고 요율을 표시한 것이다. 우리나라에서는 1행을 1cm 1단으로 한다.

17. ①

㉠ 섭씨온도 : 섭씨온도는 온도의 단위이고, 기호로는 ˚C로 표기한다. 일상생활에서 널리 쓰이는 온도의 단위이다. 1기압(대기압)에서 물이 어는점을 0도, 물이 끓는점을 100도로 하여, 100등분 한 것이 섭씨온도이고 기호로는 ˚C로 쓴다.

㉡ 절대온도 : 열역학의 표준온도로 켈빈온도라고도 한다. 단위는 K이다. 절대영도를 온도의 기준점인 0 K로 하고, 섭씨온도와 같은 온도눈금으로 잰 온도가 절대온도이다. 즉, 두 온도의 차이가 절대온도로 1K라면, 섭씨온도로도 1˚C이다. 절대영도는 자연에서 존재할 수 있는 가장 낮은 온도이다. 절대온도 T와 섭씨온도 e 의 관계는 $T = e + 273.15$로 주어진다. 즉, 절대영도는 -273.15 ˚C이다.

18. ③

① 다수가 한 집에서 살면서 개인적인 공간인 침실 외에 거실·화장실·주방 등을 공유하는 주거 방식을 가리킨다. 최근 1인 가구 증가 및 미니멀라이프와 공유경제 개념이 확산되면서 점차 그 수요가 늘고 있는 추세이다.

② 단독주택과 공동주택의 장점을 겸한 것으로 1~2층의 단독주택이 10~100가구씩 모여 정원과 담을 공유하는 단독주택군이다. 개인의 프라이버시를 보호하면서 동시에 방범·방재 등 관리의 효율성을 높인 주거형태다.

③ 입주자들이 사생활은 누리면서도 공용 공간에선 공동체 생활을 하는 협동 주거 형태. 새로운 공동성을 목표로 한 주민 참가형의 주택 설계, 공급의 총칭을 말한다.

④ 숙박시설 내에 최고급 Room을 말하거나 아파트와 호텔의 장점을 살린 최고급 주거건물 혹은 장기투숙자들이 원하는 기간만큼 머물수 있는 고급 주거형태를 뜻하기도 한다.

19. ②

2021년 최저시급은 8,720원이다.

20. ④

① 샌드박스 : 보호된 영역 안에서 프로그램을 작동시키는 보안 소프트웨어를 말하며 게임 안에서 유저의 마음대로 무엇이든 할 수 있는 시스템, 혹은 플레이 방식을 뜻한다.

② 증강현실 : 사용자의 현실 세계에 컴퓨터 기술로 만든 가상물체 및 정보를 융합, 보완해 주는 기술을 말한다.

③ 가상현실 : 컴퓨터로 만들어 놓은 가상의 세계에서 사람이 실제와 같은 체험을 할 수 있도록 하는 최첨단 기술을 말한다.

④ 메타버스 : '가상', '초월' 등을 뜻하는 '메타(Meta)'와 우주를 뜻하는 '유니버스(Universe)'의 합성어로 가상현실보다 한단계 더 진화한 개념. 아바타를 활용해 실제 현실과 같은 사회·문화적 활동을 할 수 있다.

name. _____
email. _____

seowongak

STUDY PLANNER

D -

MOOD ☺☺☺☺☺	DATE.	MON	TUE	WED	THU	FRI	SAT	SUN

TODAY'S PRIORITY

- ○
- ○
- ○

PLAN	
	○
	○
	○
	○
	○
	○
	○
	○
	○
	○
	○
	○
	○
	○
	○
	○
	○
	○
	○
	○

TOTAL TIME	H	M
6		
7		
8		
9		
10		
11		
12		
1		
2		
3		
4		
5		
6		
7		
8		
9		
10		
11		
12		
1		
2		
3		
4		
5		

COMMENT

STUDY PLANNER

D -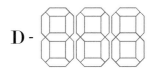

MOOD 😊😄😐😞😫	DATE.	MON	TUE	WED	THU	FRI	SAT	SUN

TODAY'S PRIORITY

○

○

○

PLAN		○
		○
		○
		○
		○
		○
		○
		○
		○
		○
		○
		○
		○
		○
		○
		○
		○
		○
		○
		○
		○

TOTAL TIME	H	M
6		
7		
8		
9		
10		
11		
12		
1		
2		
3		
4		
5		
6		
7		
8		
9		
10		
11		
12		
1		
2		
3		
4		
5		

COMMENT

STUDY PLANNER

D -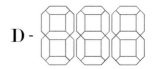

MOOD ☺☺☺☹☹	DATE.	MON	TUE	WED	THU	FRI	SAT	SUN

TODAY'S PRIORITY

○

○

○

PLAN	
	○
	○
	○
	○
	○
	○
	○
	○
	○
	○
	○
	○
	○
	○
	○
	○
	○
	○
	○
	○

TOTAL TIME	H		M	
6				
7				
8				
9				
10				
11				
12				
1				
2				
3				
4				
5				
6				
7				
8				
9				
10				
11				
12				
1				
2				
3				
4				
5				

COMMENT

STUDY PLANNER

D -

MOOD ☺☺☺☹☹	DATE.	MON	TUE	WED	THU	FRI	SAT	SUN

TODAY'S PRIORITY

○

○

○

PLAN			TOTAL TIME	H	M
		○			
		○	6		
		○	7		
		○	8		
		○	9		
		○	10		
		○	11		
		○	12		
		○	1		
		○	2		
		○	3		
		○	4		
		○	5		
		○	6		
		○	7		
		○	8		
		○	9		
		○	10		
		○	11		
			12		

COMMENT

1	
2	
3	
4	
5	

STUDY PLANNER

D -

MOOD ☺☺☺☹☹	DATE.	MON	TUE	WED	THU	FRI	SAT	SUN

TODAY'S PRIORITY

- ○
- ○
- ○

PLAN		○
		○
		○
		○
		○
		○
		○
		○
		○
		○
		○
		○
		○
		○
		○
		○
		○
		○
		○
		○

TOTAL TIME	H	M
6		
7		
8		
9		
10		
11		
12		
1		
2		
3		
4		
5		
6		
7		
8		
9		
10		
11		
12		
1		
2		
3		
4		
5		

COMMENT

STUDY PLANNER

D -

MOOD ☺☺☺☹☹	DATE.	MON	TUE	WED	THU	FRI	SAT	SUN

TODAY'S PRIORITY

○

○

○

PLAN	
	○
	○
	○
	○
	○
	○
	○
	○
	○
	○
	○
	○
	○
	○
	○
	○
	○
	○
	○

TOTAL TIME	H	M
6		
7		
8		
9		
10		
11		
12		
1		
2		
3		
4		
5		
6		
7		
8		
9		
10		
11		
12		
1		
2		
3		
4		
5		

COMMENT

STUDY PLANNER

D -

MOOD ☺ ☺ ☺ ☹ ☹	DATE.	MON	TUE	WED	THU	FRI	SAT	SUN

TODAY'S PRIORITY

○

○

○

PLAN		
		○
		○
		○
		○
		○
		○
		○
		○
		○
		○
		○
		○
		○
		○
		○
		○
		○
		○
		○

TOTAL TIME	H	M
6		
7		
8		
9		
10		
11		
12		
1		
2		
3		
4		
5		
6		
7		
8		
9		
10		
11		
12		
1		
2		
3		
4		
5		

COMMENT

STUDY PLANNER

D -

MOOD ☺☺☹☹☹	DATE.	MON	TUE	WED	THU	FRI	SAT	SUN

TODAY'S PRIORITY

- ○
- ○
- ○

PLAN		○
		○
		○
		○
		○
		○
		○
		○
		○
		○
		○
		○
		○
		○
		○
		○
		○
		○
		○
		○

TOTAL TIME	H	M
6		
7		
8		
9		
10		
11		
12		
1		
2		
3		
4		
5		
6		
7		
8		
9		
10		
11		
12		
1		
2		
3		
4		
5		

COMMENT

STUDY PLANNER

D -

MOOD ☺☺☺☹☹	DATE.		MON	TUE	WED	THU	FRI	SAT	SUN

TODAY'S PRIORITY

○

○

○

PLAN		○
		○
		○
		○
		○
		○
		○
		○
		○
		○
		○
		○
		○
		○
		○
		○
		○
		○
		○
		○

TOTAL TIME	H		M	
6				
7				
8				
9				
10				
11				
12				
1				
2				
3				
4				
5				
6				
7				
8				
9				
10				
11				
12				
1				
2				
3				
4				
5				

COMMENT

STUDY PLANNER

D -

MOOD ☺☻☺☹☹	DATE.	MON	TUE	WED	THU	FRI	SAT	SUN

TODAY'S PRIORITY

○

○

○

PLAN			TOTAL TIME	H	M
	○	6			
	○	7			
	○	8			
	○	9			
	○	10			
	○	11			
	○	12			
	○	1			
	○	2			
	○	3			
	○	4			
	○	5			
	○	6			
	○	7			
	○	8			
	○	9			
	○	10			
	○	11			
		12			
		1			
		2			
		3			
		4			
		5			

COMMENT

STUDY PLANNER

MOOD ☺ 😊 😐 ☹ 😫	DATE.	MON	TUE	WED	THU	FRI	SAT	SUN

TODAY'S PRIORITY

○

○

○

PLAN			TOTAL TIME	H		M	
	○	6					
	○	7					
	○	8					
	○	9					
	○	10					
	○	11					
	○	12					
	○	1					
	○	2					
	○	3					
	○	4					
	○	5					
	○	6					
	○	7					
	○	8					
	○	9					
	○	10					
	○	11					
		12					

COMMENT

1			
2			
3			
4			
5			

STUDY PLANNER

D -

MOOD ☺ ☺ ☺ ☹ ☹	DATE.	MON	TUE	WED	THU	FRI	SAT	SUN

TODAY'S PRIORITY

○

○

○

PLAN			TOTAL TIME	H	M
		○			
		○	6		
		○	7		
		○	8		
		○	9		
		○	10		
		○	11		
		○	12		
		○	1		
		○	2		
		○	3		
		○	4		
		○	5		
		○	6		
		○	7		
		○	8		
		○	9		
		○	10		
		○	11		
			12		

COMMENT

	1
	2
	3
	4
	5

homepage   **goseowon.com**

blog   blog.naver.com/goseowongak

(주)서원각

대표번호 | 02-324-2051
교재주문 | 031-923-2051
홈페이지 | www.goseowon.com
주 소 | 경기도 고양시 일산서구 덕산로 88-45(가좌동)
문 의 | 카카오톡 플러스 친구 [서원각]